重阳文存

明庭题

亲友杂忆与随笔

金普森 著

ZHEJIANG UNIVERSITY PRESS
浙江大学出版社
·杭州·

写在前面

　　一辈子读书、教书与写书的人，老了，干点什么？还是离不开书。虽不登杏坛教书，还是天天读书，虽不写学术专著，还是学有感悟，写点小文章。

　　我为自己编辑新著所选的文章，都是古稀之年的新作。新作不新，多为老话题。老话题不随老，力求有点新意，留下思考。这是我一生出书的愿望，也是我一生治学的追求。留下思考是作文最起码的要求。至于自己的种种思考，白纸黑字，摆在读者面前，是圆是扁，是甜是苦，有理无理，有对有错，任人评说。这些文字，不敢说有什么分量，自认有一种精神，有一种追求。这个追求，就是我讲的，写的，有思想，有知识，有精神。说不上什么文采，但是讲话使人听得明白，文章让人看得下去。要人听，让人看，就会占用听者、读者的时间。假若听了你讲的，看了你写的，一无所获，无异鲁迅先生讲的："无端地空耗别人的时间，其实是无异于谋财害命。"果是这样的话，不仅会让人不快，也会让自己的良心难安。

1

文存汇集的文字,有三类,一类是人老了,总喜欢回顾,因而有了一组梦回家园等文字;一类是文人退休后还是读书看报,因而有了读书偶得等文字;一类是自己的同学、朋友、弟子有新作写成,付梓前送给我审读。我说审不敢当,读可以,且是先读为快。因而有了序、跋一组文字。除了上述之外,就是出席某些学术研讨会,要我在会上讲点学术感言之类的文字。在此,要告知读者的是本书所汇集的不是学术论文,而是读书体味,看报有感,闲下忆旧写下的文字,可定名《重阳随笔》。重阳是我的号,随笔是文字之性。亦可定名《重阳文存》,文存也是文字之性,较之随笔更合所含之内容。

人贵有自知之明。自己虽然年龄不小,学历不浅,经历不少,职位不低,但不敢有任何骄傲之心,丁点自豪之感。至今,常常自问一生读了几多书?做了几多事?研究了几多问题?做人、做事、做学问,不敢有任何骄傲之心,丁点自豪之感。活到老、学到老,有所感悟,写成文字,献给社会,留给后人,这也是文人的一种责任。

读书、写文章是脑力劳动,劳动是辛苦的,也是快乐的。人在世上走,总是有苦有乐的,乐是伴苦而生。人的生活决不是一种味道,只有酸甜苦辣咸,五味俱全,才是真实的生活。我的生活主体在于读书、学习、教书育人。浩如烟海的书籍要读,数以万计的报刊要看,眼之所及,行之所至要学。我的学习与写作,在于认识人类发展之哲理,认识社会发展之规律。快乐生活,留下思索。

金普森

年八十又一,壬辰年重阳日于杭州颐景园兰苑寓所

《写在前面》是金普森 80 岁时写下的,当年就怀抱退休后写的文字结集出版的愿望。结果只出了学术专著《近代中国外债研究

的几个问题》一书。其他文字来不及整理修订,一拖再拖。拖的原因有健康的原因。

近年内搜集、整理了一下,字数不少,要公开出版,献给读者,这样花费不少时日。

金普森
2019 年春天里

目　录

缅怀师友

家人与家谱

乡情与乡谊

感悟与随笔

缅怀师友

在金海观教育思想研究会
第14届年会上的讲话

我讲三句话,并对三句话作点诠释。

第一句话是:我是灯塔村人。我生于斯长于斯。12岁外出求学,70岁退休后告老还乡。金海观教育思想研究会第14届年会在灯塔村重阳书院举行,我以灯塔人的身份欢迎大家。各位专家学者光临我的故里,是我的荣幸。开好年会是我应尽的义务和责任。祝第14届年会圆满成功,祝大家身心愉快!

第二句话是:我与金校长有缘。金海观出任湘湖师范校长的1932年,正是我出生在古越之地的一年。当我19岁进湘师读书时,金海观是我的老师、校长,聆听金校长的教诲。我离开湘师50年后,在编辑出版《金海观全集》时,读了未曾读过的金校长的论文、诗词、日记以及新发现的25则小言论、400余封笺函底稿。这些极其珍贵的文献和资料,我有幸付梓前拜读,读后为金校长的全集敬撰了序文。《金海观全集》序,是我交给金校长的一份作业。出师门60余年后,金海观教育思想研究会第14届年会有机会在他学生的出生地灯塔村,他学生倡建的重阳书院举行。我撰写了《述论金海观的"不失赤子之心"》的论文,提交给年会,也是交给金校长的一份作业。除师生之缘外,金校长与我还有血缘之亲。我们本姓刘,是汉高祖刘邦的后裔,钱镠建吴越国后,刘氏在吴越国任职的很多,为避讳,"劉"去卯刀为金姓。到宋代,民籍金氏恢复刘姓,军籍金氏未能恢复,故有金刘一家、活金死刘之说。浙江境内的金氏所修宗谱绝大多数都称"刘金氏宗谱"。

第三句话是:我是金门弟子中的一员。学习金海观的做人、做事、做学问的"宜为人民尽力,不失赤子之心"。有两件事我没有辜负金校长的教导:一是我任杭州大学历史学系主任 16 年,其间曾三次要调我出任大学校长等职,我都一一婉谢了。我任系主任是把历史学系的学科建设以及中国近代史的教学与研究作终身事业来做的。剩下的岁月里要努力创建一个中国近代史专业的博士点,培养一批博士研究生。经过努力逐一如愿。第二件事是倡议建重阳书院,而且坚持建在我出生之地。中国人历来有乡土情结,新中国成立后在逐渐淡化、消失。历史上离任出外谋生之士,做官、经商、任教等,老了一般都告老还乡,叶落归根,为本土做些公益事业。而我居住他乡,心系故里,于是倡建书院,把我的图书、字画及收集的文物都捐赠给书院,得到省委领导的理解和支持。2008 年提出,2009 年九九奠基,2013 年重阳落成。书院占地十亩,筑区 8000 平方米,历时五载,耗资千万。书院的宗旨:文化惠民,提高农民的文化素养,是农民的文化精神家园。建筑资金除政府补贴和村里出资外,都是我的家人、亲友、子弟捐赠的。集资、筹建之初,人们认为书院是我的私家书院,我则明确表示书院的性质是集体所有,是村建、村管、村所有、村民共享的文化设施。我是将重阳书院作为文化教育事业来做的。所以在书院落成典礼上我说:余之倡建已成,随即至善是盼。只要我活着,我会继续关注家乡的文化建设,也希望与会者继续关心、支持书院建设。

谢谢大家!

2014 年 11 月 1 日

《金海观全集》序

金海观教育思想研究会的同仁，约请了50多位专家学者和亲身领受过金海观教诲的学生们研究与撰写有关金海观素质教育思想的文章，在2001年初出版了《金海观与素质教育》一书，在教育界引起了良好的反响。尔后他们又组成了编委会，负责收集资料。经过几年的努力，收集了金海观在各个时期撰写的文章、书信、日记、诗词题词、译著等洋洋百万字的书稿，汇集出版《金海观全集》。编委会嘱我为《全集》作序。作为金海观校长的学生，有缘聆听过他的教诲，毕生从事史学教育与研究工作的我，理应从命。尔后，编委会经常告知征集与编辑进展，并寄下新发现的金海观为《当日新闻》撰写的小言论25则等资料，告知从档案中发现了400余封笺函留底。这些都是极其珍贵的文献和资料。我有幸在付梓前拜读了部分书稿，记下随感四则，权当作序。

一

金海观是在他的那个时代，充当教育改革和发展乡村教育的先锋，《全集》反映了时代特征，记录了金海观的人生历程。

金海观出生于甲午战败后的1897年。在清末新政时期进小学读书，民国初年考入设在绍兴的省立五中。那个时代风云激荡，中国面临瓜分豆剖之危机，积贫积弱，封建落后的农村千疮百孔，用毛泽东的话来说是："国家坏到了极处,社会黑暗到了极处,人民苦到了极处。"金海观出身于农民家庭,生长在农村环境,了解农村的封建落后,深知农民的贫苦愚弱,因而奠定了他重视农民、立志改造农村的宏愿。

1917年金海观在绍兴省立五中毕业后,回到他的母校觉民小学任教。一年后,他考入南京高等师范学校,成为陶行知的学生。他在南京高师学习期间,正值新旧文化激烈斗争的时代,陈独秀高举民主、科学的大旗,以《新青年》为阵地,向封建旧文化、旧礼教发起了猛烈的冲击。时人倾向于西方的科学与民主。金海观也萌发了向西方国家寻求真理之心。他英文基础好,写作能力强,阅读西方书籍,认为有必要介绍给国人的,就着手翻译。因而在学习期间就翻译了不少文章,收入《全集》的有《德谟克拉西的发达和他对于教育的关系》《保伊凡的故事》《未来之乡村学校》等文。从译文中也反映出他崇尚西方的民主、重视乡村教育的思想脉络。他在翻译盖智的《未来的乡村教育》一文时写下了《译者附记》,说:"此未来的学校中,可教青年及老年人以改良乡村生活的实际方法,使乡村生活为优美的、智慧的、有效的、休养的、健康的及快乐的一种生活。"(《金海观教育文选》第10页)从《译者附记》中,反映出青年时代的金海观对乡村教育的志趣与抱负。

金海观于1921年6月在南京高师毕业。先后执教于河南第一师范、江苏第七师范、开封北仓女中、浙江省立第四中学、安徽第一女中等校,后任南京第四中山大学实验学校主任、成都大学教授兼实验学校主任。而在此期间,陶行知为实现他的生活教育主张,1927年3月,在长江之畔筹建了新型的师范学校——晓庄师范。金海观关注陶行知生活教育理念,敬仰陶行知的艰苦创业精神。他说:"在长江以南革命炮火喧天之际,而第一个试验乡村师范学校遂呱呱坠地于南京神策门外之小庄,是为乡村师范的一支生力军;威声颇大,影响极广。此军之总司令,不消说是陶行知先生了。"又说:"小庄……易名而为晓庄;这个'晓'字,就把时代转变的意思,全部透露出来。"(《金海观教育文选》第51页)

1928年4月,陶行知受浙江大学校长蒋梦麟委托办理湘师建校事宜,尔后,陶行知推荐其学生操震球出任湘湖乡村师范学校第一任校长。10月1日,湘师正式开学。1932年2月,金海观辞去成都大学教授出任湘师校长。从此他长校25年,以湘师为基地进行乡村教育的实验活动。《全集》的书稿,无论是"论著卷""计划报告卷",还是"书信卷""诗词题词卷",绝大部分内容是在湘师任校长期间撰就的。从1932年到抗战爆发前,他以乡村教育和乡村建设为中心,开展生活教育。他撰写的《论吾国的乡村师范》《干乡村工作者应有何种意识?》《乡村改进和生产教育》《四年来重要教育提案和建议》《湘湖沿岸教育建设计划》等等,是金海观在湘师的办学实践中的经验总结,从而形成他对师范教育的一系列主张,也是对陶行知生活教育的新发展。全面抗日战争爆发,他着手拟订《非常时期应行准备事项》,为应变作好准备。1937年11月上海沦陷,杭嘉湖地区也相继遭日寇炮击或占领,他就作迁校准备。11月21日,湘师师生自挑行李,徒步出发,"小长征"就从此踏上了征途。抗战期间,湘师七次迁校,实施流亡办学,以实际行动坚持抗战教育。这支浩浩荡荡奔走在浙南山区的流亡办学队伍,成为一支抗日救亡的宣传队。全面抗战中湘师不仅没有解散而且在战斗中不断发展壮大,这是金海观毕生中最得意之作,《全集》中的最为精彩文章,绝大部分是在抗战时期写成的。而对国家民族存亡之际,他提出师范生的特殊使命之一,"必须协助政府领导民众从事抗战救国工作","教师应该成为文化战士"。发表在《当日新闻》上的小言论 25 篇,每篇都只有二三百字,字字闪耀有爱国爱民、抗战必胜、抗战建国、教育图存等崇高理念。全面抗日战争胜利后、他提倡自力更生,克服困难,办好教育。新中国成立后,他努力贯彻执行中国共产党的教育方针,热爱学生,认真工作,团结师生,提高教学质量。他敢于直言,批评教育上的主观主义;批评忽视生产劳动教育,不重视发挥学生个人特长的教育;批评部分区乡干部对教师的错误看法,等等。金海观用自身的模范行为赢得了师生员工的敬佩和社会人士的尊重。

言为心声,文以载道。《全集》是金海观著作汇集的思想宝库,也是近代中国乡村教育事业的缩影。

二

金海观在近代历史上的特殊贡献是继承、发展了陶行知倡导的乡村教育思想,探索实践乡村师范教育,不仅把湘湖师范办成一所全国知名的师范学校,并形成了他对乡村师范教育的理论和主张。他是我国近代教育史上的一位著名的乡村教育家。

我在研究陈望道对马克思主义在中国传播中的贡献时,提出他的贡献可分两个方面,一是属于一般贡献,一是属于特殊贡献。所谓一般贡献,是指其为其他先进分子所共同有的贡献,如宣传马克思主义,歌颂十月革命,促进马克思主义与中国工人运动的结合等;所谓特殊贡献,是其他先进分子所没有的,而且是当时所难以做出的贡献,如翻译《共产党宣言》等。在研究和评价金海观历史贡献时,同样可以分为一般贡献与特殊贡献。体现在他一生中的一般贡献是他同时代的爱国民主人士共性,他的特殊贡献集中体现在他一生从事的乡村教育事业上,在理论和实践两个方面都有卓越的贡献。

首先在乡村教育理论方面,继承和发展了陶行知的生活教育理论。

金海观认为发展乡村教育是兴国利民的途径,办好社会教育可以改善学校周围环境,提高群众文化水准。主张师范学校办在农村,为实现农村教育革命、促进农村建设服务,培养未来的教师具有"亲民、习勤、尚俭"精神。

金海观在乡村教育制度、教学设施和教学方式等方面,都有独特的创造。

一是为完善生活教育制,创建了"弹性制""工学制"和"战时教育制"。工学制受生活教育制影响,但又有别于生活教育制。它旨在培养学生的劳动观念、生活知识和操作技能。招生时,把"劳动考试"作为录取的参考。入学后参加湘湖周围环境的改造。此外200余亩的校产田,其中一部分亦由师生共同耕种。为适合全国抗日战争环境和需要又制定了"战时教育制"。坚持"无论时局变化至何种程度,学校决不解散",它以抗日为中心,结合形势与环境进行多种特殊训练,既学习文化知识,又进行军事训练,主张"师范学校应该是国家的文化战士培养机关,使其养成为战斗员,外抗文化侵略,内除文化障碍"。

二是强调"乡村",重视整个乡村社会的改造。基本教育的实施区域,应着重在农村,基本教育的对象也应着重在农村。学校具有教化、改造社会的功能。古人云:"一乡有一善士,则一乡化之。"金海观有句名言:"人人要带土气,处处宜有书香。"表述了培养学生的要求和教化、改造农村社会,改变农村的状况。

三是突出"师范",重视素质教育的理念。金海观说:"言教者诵,身教者从。""师范,师范,就是为人师表,为人模范。"学校以德、智、体、美、劳五育并重,系统的课堂教学与丰富多彩的课外活动结合。湘师的校训"千教万教教人求真,千学万学学做真人",则生动而深刻地体现了德育教育的核心。

四是坚持民主、自主办学的原则。五四运动后,民主与科学成为人们向往与追求的目标。办教育也必须讲民主与科学。没有真正的民主,就没有民主的教育;而民主的教育,则必须为民所有、为民所办、为民所享。金海观倡导的"变导师为导友,改校规为公约,以对话代训话,用商量替训诫,务使师生相处以诚,循循诱其性行",则是民主、自主办学的具体举措。

其次在乡村教育实践方面,他任湘湖师范学校校长25年,把湘湖师范办成一所全国知名的师范学校。他长校湘师期间始终贯彻陶行知的"生活教育"理论,在实践中创造和发展"生活教育"理论。

湘师创办初期按照晓庄师范规范办学。金海观任校长后有不少创造,在教育制度、教学设施与教学方式等方面,更富生机,颇具特色。他把学校置于国家民族的兴衰安危之中,置身于现实社会的改造和发展之中。湘师把一大批追求科学知识、精神生活和肩负教化、改造乡村社会的人聚集在一起,成为"四方善士之一大总汇"。

湘师的教学工作,倡导"民族中心原则""大众化原则""简易化原则""乡村化原则"。金海观说:"我教学的目的是引导你们去独立思考,善于分析,学会自己去辨别是非,不是要你们不动脑筋跟着学舌。"在教学上推行教学做"合一",即"做上学,做上教"。

湘师师生重视民众教育、社会教育,协办学校附近的地方事业。例如,抗战爆发后,学校迁到义乌江湾,松阳古市,庆元竹口、新窑、黄坛,及景宁道化等地,都办了大量的民校、夜校。在景宁道化还办了"教育担",把教育送到居住在崇山峻岭的农民中去。此外,在湘湖湘东乡办起了生活改进区,在松阳古市办起了经济建设实验区,从经济、政治、文化诸方面入手,改造乡村生活,进而改造整个乡村社会。

湘师的学生很受社会的称道和欢迎,浙江各地教育部门往往写信向学校预约学生。校方根据对方所提条件,选择学生前去应聘。湘师为社会培养的大批优秀教师,遍布国内各地,促进了我国教育事业的发展和社会的进步。湘师还培养了一大批革命志士,在抗日战争和解放战争时期,湘师有三分之一的在校学生参加了新四军金萧支队和四明山游击队。1949年5月萧山解放,又有三分之一的在校学生参军、参干。湘湖师范不仅被誉为"最埋头苦干而卓有成效"的模范学校,还被誉为"浙东民主堡垒"。

金海观的一生中,担任过小学、中学和大学的教职,但是特别值得称道和不能不记入史册的是他在湘师长校的25年。全海观的名字与湘湖师范齐名,他的事业与乡村教育联系在一起。

三

《全集》是一部珍贵的文献和难得的好书。文稿是20世纪上半叶一位乡村教育家敬业乐业的记录,他的言论与思想,结合实际而又超越现实。时隔半个世纪后,读来仍是一部生动的教科书。其德其行,永远值得我们研究和学习、继承与弘扬。

参加《全集》编辑工作的毛时起,在读了百万字的书稿后,写道:"我为书稿中那种朴直无华的论述,丰富多彩的内容,多姿多彩的文字色彩,达到'言以文远''情欲信而辞欲巧'的文心雕龙的地方所感受。书稿如磁铁般地深深吸引着我。浏览《全集》,如读长篇章回小说,爱不释手,有一种如饥望食,如渴思水之感。"我也有同样的感受。在收到金海观发表在《当日新闻》上的 25 则小言论抄件后,拿到就读,一口气全部读完,读了一遍又一遍。我相信凡是读过他文稿的人,都会有同感的。

　　洋洋百万字的书稿,内容丰富多彩。如编入"论著卷"的 90 余篇文章,反映了金海观进行乡村教育的实验活动,记录了他对师范教育的主张和经验,从中可以看出金海观教育思想中"民族中心的原则"的教育理念,重视实践的唯物论观点,实事求是的科学精神,敢于破旧的精神风貌,直言敢谏的刚正作风,与时俱进的创新意识,等等,具有强烈的现实意义的,永远值得学习和弘扬的;选入"计划报告卷"与"附录卷"的重要章则如学校工作计划、报告、规章制度等,反映了他苦心经营学校管理所采取的措施,从中更看出他在校内实施以德以法治校的完美结合。这些规章制度,是适应当时社会环境和学校实际情况的。在当今教育的探索实践和改革开放时代,金海观管理学校、办好教育的措施和办法,还有其借鉴意义;书信、日记、诗词题词等卷,内容丰富多彩。书信中有 1949—1951 年间的 400 余封信;从上百万字的日记中精选的日记非常珍贵。金海观的美丽人格崇高思想品质跃然其中;译著卷反映了金海观颂扬"民主",以向西方寻求真理之心,探索借鉴西方的教育理论、措施,旨在倡导乡村教育、乡村建设、教育图存的理想;附录卷有金海观长子金陵编写的年谱,记录了金海观一生呕心沥血,鞠躬尽瘁,为国为民教育图存,投身于乡村教育事业的人生历程。

四

《全集》的编就，是金海观倡导的"苦硬、实干、研究、进取、注重情谊"的"湘湖精神"的硕果。

金海观教育思想研究会在发掘和推进金海观教育思想的史料整理和研究工作，做了一件又一件的大事、好事。研究会的成员是湘湖师范的老校友，是聆听过金海观教诲的学生，成立至今已有近十个春秋。他们的任务是团结湘师校友，发掘金海观的史料，研究他的教育思想，总结他的办学经验，宣传他的品格风范，弘扬湘湖精神，旨在推进教育领域的新发展。他们出版《金研通讯》，联络各地的湘师校友，定期举办金海观教育思想研究会年会，汇报工作，介绍经验，交流研究心得，推进金海观教育思想研究的深入发展。各地校友支持研究会工作，"注重情谊"的湘师精神把大家联络在一起，共同为研究工作献计出力。

研究会与有关部门合作出版了《金海观史料选辑》《金海观与素质教育》等书籍，金研会蒋明炬的《金海观传》也已出版发行。为这些书籍的出版，研究会同仁付出了辛勤的劳动。《金海观与素质教育》一书出版后，广大校友为销书而奔波，在校友的共同努力下收回了全部书款，为出版《金海观全集》提供了部分资金。出版一期《金研通讯》，从征稿、编辑、印刷、校对到邮寄，付出多少心力与体力。他们都是义务兵，无分文报酬。这是一种不辞辛苦不计报酬，无私奉献精神。是什么力量驱使他们乐业敬业，是"苦硬、实干、研究、进取、注重情谊"的"湘湖精神"。这十二个字，是一种卓异的校风，一种可贵的精神。"湘湖精神"，永放光彩。

2003 年春节于杭州大营盘寓所

（原载《金海观全集》编纂委员会编：《金海观全集》，北京：方志出版社，2003 年）

金研会与"湘湖精神"

1932年2月,金海观辞去成都大学教授、实验学校主任,出任湘湖师范校长,从此他长校25年,以湘师为基地进行乡村教育的实验活动。金海观在湘师办学实践中,倡导"苦干、实干、研究、进取、注重情谊",形成了"湘湖精神"。这是湘湖师范的卓异校风,也是"湘湖人"的可贵精神。

在"湘湖精神"的熏陶下,湘师培养了一大批优秀教师,遍布国内各地,促进了我国教育事业的发展和社会的进步,还造就了一大批革命志士,在抗日战争和解放战争时期一批在校学生参军、参干,有的参加新四军金萧支队和四明山游击队,有的参加了干部学校与地方政府工作,正如校友沈云来说的"'湘湖精神'影响了我的一生"。他在湘师读了两年,于1947年12月在祗园寺投笔从戎,投入人民解放军的革命大家庭怀抱。此后,12年的军旅生涯,30年的教育工作,是在湘师打下的坚实基础,是"湘湖精神"激励他刻苦学习,努力工作,克服困难,圆满完成党和人民交给他任务。这也是每一位"湘湖人"的共同感受。

金海观教育思想研究会为发掘和推进金海观教育思想的史料整理和研究工作,做了一件又一件的大事、好事,是对"湘湖精神"的最佳传承与弘扬。研究会成立至今已十余个春秋。他们的任务是团结湘师校友,发掘金海观的史料,研究他的教育思想,总结他的办学经验,宣传他的品格风范,弘扬"湘湖精神",旨在推进教育领域的新发展。各地校友支持研究会工作,"注重情谊"的"湘湖精神"把大家联系在一起,共同为研究工作献计出力。

研究会与有关部门合作出版了《金海观史料选辑》《金海观与素质教育》等书籍,金研会蒋明炬的《金海观传》也已出版发行。为这些书籍的出版,研究会同仁付出了辛勤的劳动。《金海观与素质教育》一书出版后,广大校友为销售该书而奔波,在校友的共同努力下收回了书籍的成本,为出版《金海观全集》提供了部分资金。

研究会已出版《金研通讯》近60期,通过《金研通讯》,联络各地的湘师校友。研究会还定期举办金海观教育思想研究年会,汇报工作,介绍经验,交流研究心得,推进金海观教育思想研究的深入开展。出版一期《金研通讯》,从征稿、编辑、印刷、校对到邮寄,付出了多少心力和体力。他们都是义务劳动,无分文报酬。这是一种不辞辛劳、不计回报的无私奉献精神。是什么力量驱使他们乐业敬业,是"苦干、实干、研究、进取、注重情谊"的"湘湖精神"。每当收到《金研通讯》,我都认真拜读,受益匪浅。《通讯》真的越办越好,我为编辑组的同仁们的辛劳而感动。编辑组这种矢志不渝、无私奉献的精神,令各地的湘师弟子深深景仰。愿"湘师精神"永放光彩。

新中国60华诞于杭州颐景园寓所

《湘湖春秋》序

　　杨钧师撰写的《湘湖春秋》书稿,在戊寅春节期间送给我看。而后得知此书稿在18年前写就,原想在纪念金海观校长诞辰100周年时出版,因故未能如愿。今年是湘湖师范建校70周年,争取校庆之际出版发行,并嘱我写一篇序。坚辞未免不恭,只得应命。我是杨钧师的学生、湘师的校友,又长期从事历史学的教学与研究,为《湘湖春秋》写序,是应尽之责,也是分内之事。在九八寒假,细读《湘湖春秋》书稿,谈一点对湘湖师乡村师范与浙江师范教育的看法,权作《湘湖春秋》序。

　　随着近代教育的发展,师范教育也受到有识之士的重视,浙江是走在全国前列的。1904年(光绪三十年),沈炳经在汤寿潜等赞助下创办了杭州私立初级师范学堂,设一年制简师科;1905年(光绪三十一年),浙江高等学堂附设了师范科和师范传习所;次年,杭州女子学堂改办为杭州女子师范学堂;1908年(光绪三十四年),浙江两级师范学堂建成开学。两级师范学堂分优级和初级两部,优级部培养中学师资,初级部培养小学师资。与此同时,温州、金华、处州、绍兴、宁波等府也分别设立师范学堂。1913年5月,浙江省议会通过《筹设省立师范学校决议案》,规定每府均设立师范学校。从此时起,到1917年,全省共有省立师范学校12所。

　　但是北洋军阀皖系入浙以后,结束了"浙人治浙"的局势,浙江的师范教育受到摧残。1923年,教育部批准《浙江省施行新学制各校改组案》,规定省立师范学校并入该地的省立中学,改称省立第几中学。省立女子师范学校也改称省立女子中学,各地县的师范学校也均改称为中学。这样,浙江师范教育地位降低,师范生人数也逐年下降。1927年度的师范生人数比师范学校开创时的人数还要少。

随着国民革命的胜利,北洋军阀统治在浙江垮台,浙江试行大学区制,在各中学再次设师范科。后大学区制废止,恢复浙江省教育厅,进一步推进师范教育。在这期间,又成立了4所省立师范学校,即1928年秋在萧山湘湖开办的浙江省立乡村师范学校(后改名为省立湘湖乡村师范学校),1930年9月创立的省立民众教育实验学校,1931年4月将慈溪私立锦堂学校归省办后命名的慈溪锦堂乡村师范学校,同年8月设立的杭州师范学校。1931年4月,省教育厅制定了整理师范教育方案,从此,浙江的师范教育出现了转机,到1932年,全省共有师范学校与师资训练机构39所(处),学生人数达到2420人。

在浙江的师范学校中,湘湖乡村师范独树一帜,在浙江甚至全国都具有重大影响。湘湖乡村师范是采纳陶行知的建议并按他的教育思想创建与办学的。陶行知于1920年组织中华教育改进社,提倡教育改造运动,宣传乡村教育,而后又提出"生活即教育""社会即学校""教学做合一""在劳力上劳心"等口号,构成其"生活教育"理论;1927年创办晓庄师范,培养乡村教育师资,不久,遭国民党勒令停办。陶行知向国立第三中山大学(即浙大前身)校长、浙江大学区制负责人蒋梦麟建议在浙江乡村办一所师范学校,为浙江培养农村师资。蒋采纳了陶的建议,并根据沈定一的将学校办在萧山的提议,经省政府同意后,在萧山西乡闻家堰东南五华里的湘湖湘云寺办起了浙江乡村师范学校。由于学校办在湘湖,不久改名为省立湘湖乡村师范学校。湘师创办初期,按晓庄规范办学。

湘师师生在实践过程中,亦有不少创造,特别是1932年2月金海观接任校长以后,推陈出新,使湘师日臻完善,在教育制度、教学设施与教学方式等方面,更富生机,颇具特色,为我省、我国师范教育作出了巨大贡献,其突出的贡献是:

一、施行"改革",在实践中先后创造了"弹性制""工学制"和"战时教育制"。

"弹性制"即学生可通过自学修完指定的课程,经过学校考核,然后被介绍出去到各地任小教工作,但不作毕业论。学生出校后,在工作岗位上经过一学期或一学年的锻炼,由自己选择研究专题写一篇论文,送交学校,经审查合格,发给毕业证书,才算正式毕业。因而学生在修业一年半或两年后,都陆续走上教学工作岗位。

"工学制"源出陶行知的生活教育制,但又有别于生活教育制。它旨在培养学生的劳动观念、生产知识和操作技能,使学生毕业后回到农村能与农村生活相适应。招生时,皆把"劳动考试"作为录取的参考。入学后参加湘湖周围环境的改造,诸如筑堤、开河、修环山马路、打井、造房等劳动项目。此外200余亩的校产田,其中一部分亦由师生共同耕种。这是在继承陶行知教育思想上的一大发展和创新。

"战时教育制"是为适应全面抗日战争的环境与需要而制定的制度。全面抗战中,金海观坚持"无论时局变化至何种程度,学校决不解散",于是湘师南迁流亡办学,七迁校址,实行战时教育制。战时教育制以抗日为中心,结合当时形势与环境,进行多种特种训练,既学习文化知识,又进行军事训练,增加师生的军事知识与军事技能。主张"师范学校应该是国家的文化战士培养机关,使其养成为战斗员,外抗文化侵略,内除文化障碍"。策励学生"到游击区去办教育,一面办学,一面抗战工作",派毕业生深入敌后,从事教育进攻。"战时教育制"的实施,使流亡青年和山区的农民子弟既学到了文化知识又懂得了抗敌救国的道理,造就了一大批优秀教育人才。

二、强调"乡村",重视整个乡村社会的改造。

以农立国的中国,农村是一个广阔的天地,农村的变化对中国历史的发展有着重大的影响。在中国,一般说来,中国农村是封闭式的,农民过着日出而作,日落而息的生活,其活动世界仅限于所在村庄方圆数十里。他们顽强地保持着自己的生活习俗、道德观念和宗族意识,每个村庄都具有牢固的稳定性和保守性。农村状况不改变,农民得不到劳动的权利,没有文化科学知识,要想整个国家的富强是不可能的。因此,基本教育的实施区域,着重在农村,基本教育的对象也着重在农村。强调学校具有教化、改造社会的功能,本是中国人古老的传统。古人云:"一乡有一善士,则一乡化之。"湘师办在农村,为乡村培养师资,正是着眼于教化、改造农村社会,改变农村的状况。湘师培养的学生"人人要带土气,处处宜有书香",只有这样的学生才能担当起教化改造乡村社会的重任。湘师创办之初,在萧山石岩村开办"湘湖医院",就是为了改变农村缺医少药的状况,解决农民医疗问题。湘师又在周围农村推行"小先生"制,以小学生为师,向其不识字的长辈进行识字教育,以达到逐步扫除农村文盲的目的。

湘师在办学过程中,处处事事把学校置身于国家民族的兴衰安危之中,置身于现实社会的改造和发展之中,因而湘师师生十分重视民众教育、社会教育。金海观校长提倡,一面办学,一面协办学校附近的地方事业,因而在萧山以及抗战爆发后学校迁至的义乌江湾,松阳古市,庆元竹口、新窑、黄坛及景宁道化等地,都办了大量的民校、夜校,仅松阳古市镇在 1938、1939 两年中,湘师师生就办了91所147个班,吸收学员4300人。在景宁道化还办了"教育担",把教育送到崇山峻岭中去。此外,在湘湖东乡石岩办起了生活改进区,在松阳古市办起了经济建设实验区,从文化、经济、政治诸方面入手,作为改造乡村生活的实验,旨在改造整个乡村社会。

三、突出"师范",重视素质教育。

素质教育是近年教育界人士的热门话题,,湘师创办伊始即突出"师范"作用,学校实行德、智、体、美、生产劳动五育并重,课程设置除初创时的语文、数学、物理、化学、动植物等基础课程外,后又增设了农业、教育概论、教育心理学、教育测验统计、小学教材教法等"师范"专业课程;同时,每周抽一定时间从事农业劳动。

金海观任校长期间,把系统的课堂教育与丰富多彩的课外活动结合得更完美。在课外组织兴趣小组,设置一个发展学生特长的环境,各种学科修习到一定标准以后,可以让学生学习自己喜爱的东西,不论社会科学、自然科学、文学艺术、体育以至学校课程中所没有的东西。学校还设有绘画组、音乐组、戏剧组、工艺组、农艺组、国术组、舞蹈组等,各组配有技术精湛、经验丰富的老师予以指导。小组提倡理论联系实际,学以致用,巩固知识,培养能力。

湘师特别重视德育教育,湘师的校训是"千教万教教人做人,千学万学学做真人",教育学生爱国、爱民、爱劳动、爱科学、爱美,追求真理,敌我分明。因而,湘师一直被誉为"浙东民主堡垒"。

重视实际能力的培养,又是湘师的一大特色。师范生将来从事教育,因而在校期间,通过教学实习,加强教学能力的训练。为了供教学实习,湘师在附近农村办了不少附属小学(初期不称附属小学,而称"前方小学",以示教学即战斗的意思),在湘湖四周农村办了1所完全小学,5所初级小学。湘师学生在小学里实习,配以辅导老师,同学之间互相听课,然后进行讨论,以提高教学水平。除课堂教学外,还重视家庭访问,以了解学生家庭情况和社会状况。湘师学生的全面素质都高,因而很受社会的称道和欢迎。浙江各地,如有师资不足,往往写信向学校预约,校方根据所提条件,选择学生前去应聘。湘师为社会培养了大批优秀教师,他们遍布国内各地,促进了我国教育事业的发展。

四、民主办学,沟通精神。

五四以降,民主与科学成为人们向往与追求的目标。办教育也必须讲民主与科学。没有真正的民主,就没有民主的教育;而民主的教育,则必须为民所有、为民所办、为民所享。在湘师,从创办始,就坚持民主办学的原则。金海观校长明确提出:"变导师为导友,改校规为公约、以对话代训话、用商量替训诫,务使师生相处以诚、循循诱其性行。"还说:"违背公约的,无论他是教师、学生或校工,都应有同等的处罚。"由于这些原则的坚持,湘师内始终充满着浓厚的民主气氛。

湘师是由一批热心于乡村教育,以教化、改造社会为己任的同志,在民主集中原则基础上建立起来的一个生活共同体、在学校成立的开学典礼上,师生就共同宣誓,即日开始共同生活。为处理共同生活事宜,统一共同生活精神,师生一起组织了"共同生活会"。共同生活会是"以培养自治能力,合作的精神,改造乡村教育实际干才为宗旨"。共同生活会由校长为当然主席,下设行政、生活、事务、社会改造等各部,每部设指导员与干事。共同生活会通过的决议,每个成员共同遵守。决议允许的,人人自由;决议制约的,人人服从。因而湘师不像一个普通的学校,而如一个亲密的大家庭。随着时间推移,在校师生感情渐趋融通,精神渐趋一致,在共同生活中形成了互助互敬,切磋琢磨,携手共进的独特校风。

湘师是一所面向社会自主办学的新型学校,学校的办学体制、管理制度、教学模式、教学价值等等,都做到自主办学。对来自上面的命令,如果不合理,就据理力争,甚至公开抗议。当然也有惹不起的时候,多数情况下是应付了事。

湘师的民主、自主办学,还反映在聘请教师和招收学生上。聘请教师征求多方意见,包括征求学生意见。招收学生,不受学历、年龄、区域的限制,而以从事乡村教育的志愿为先决条件。因而,建校初期,大家都称同志(乡教同志),讲求师生之间的情感交流和志趣契合。湘师把一批追求科学知识、精神生活和肩负教化、改造乡村社会的人聚集在一起,成为"四方善士之一大总汇"。

湘师建立之时,恰是中国教育转型之机。她与中国新民主主义革命同步伐。在旧中国 20 多年时间里,不仅培养了大批优秀的乡村教育工作者,还培养了一大批革命志士,在抗日战争与解放战争时期,湘师有三分之一的在校学生参加金萧支队和四明山游击队;1949 年 5 月萧山解放,又有三分之一的在校学生参加中国人民解放军。她是国内教育界公认的在旧中国办得最成功的师范学校。

杨钧师的《湘湖春秋》对 1928 年至 1949 年间湘湖乡村师范学校的办学历程按历史发展顺序作了详尽而生动的阐述,无论在立题、史料方面,还是在观点、方法方面,都是一些可信可读的华实篇章,都有一些引人注目的创新,是一部具有颇高学术价值的史书。

读史使人明智。历史能为我们提供许多经验和教训,使人们获得有益的启迪,起到回忆过去,激励未来的作用。就这一点说,《湘湖春秋》又不愧为一部进行爱国、爱乡、尊师重教的好教材。

杨钧师早年毕业于浙江大学史地系,而后一直从事师范教育工作。为写好此书,不顾年过花甲,到上海、苏州、常熟、合肥、南京、杭州等地,访问老校友,查阅档案、报刊,广泛征集史料,在厚实的史料基础上进行研究、撰稿。每写一章,又采取请进来或寄出去,请知情者审阅,反复探究,务求真实。其开拓进取的敬业精神,精益求精的治学态度,值得敬重与推崇。

1998 年 3 月写于杭州大盘营巷

祭校长师母文

乙未年戊戌日,出席金研会第十五届年会代表,在金海观校长、陈秀如师母墓前,衔哀致诚,祭祀校长师母在天之灵。

汉代始,立秋后的第五个戊日为祭祀土地神之日,称秋社日,今天正是秋社日。校长和师母长眠在浦阳江岸,白塔湖畔,是故里之土地神,神州大地之土地神。

校长是淳厚朴实、勤奋好学的农家之子。出生在封建落后、千疮百孔的农村。校长深知积贫积弱的农民的苦难,心里想的是改造农村,改善农民的生存环境,提高农民的生活品质,树立了重视农村,敬重农民,从事乡村教育事业的志向。数十年如一日,实现了"对中国农村尽一些开辟的责任"的诺言。

校长是一位爱国的、民主的乡村教育家,成长在新文化运动中,受到科学、民主的洗礼,参加李大钊等筹组的"少年中国学会",将"无我无私,名利让人,劳怨自负,团结平民,创造民主科学、自由平等的少年中国"奉为座右铭,恪守力行。校长主张通过乡村教育,提高占中国人口80%以上的农民的文化素质,改变贫困落后的农村以拯救中国。经十年的努力寻求到施展抱负的用武之地——湘湖师范。长校25年,呕心沥血,艰苦耕耘,使湘湖师范成为近代中国乡村教育的奇葩,形成湘湖师范独特的校风——湘湖精神。

一个人在一所学校担任25年校长,在近代中国教育史上极为罕见,校长不仅是好校长,还是学贯中西、博古通今的全科教师。

25

校长在湘湖讲授的是乡村教育、伦理、公民等课程,深入浅出、引此喻彼、深刻透彻、说理谛当。中等师范开设的文史哲、数理化、音体美,每门课都能讲授的唯有校长一人。每当有老师因故缺席,校长便会去代课。

校长与师母是一对相濡以沫、患难与共的恩爱夫妻,相识于图书馆阅览室,从相识、相知、相恋到相依、相守,校长戏说:"我的爱人是书本里夹出来的。"幽默、平实,还带几分浪漫。

夫妻生活是美好的,你中有我,我中有你,校长忙于事业,师母承担家务和养育子女的重任。二子一女,唯女儿长期养病,两个儿子则成为誉满全球的专家学者。生活是现实的,师母相夫教子,勤俭治家,以平常心过着平常生活。生活有时是严酷的,在极"左"思潮泛滥的时期,校长遭到打击,而校长与师母勇敢面对,同舟共济。校长陷于患难,得师母慰藉,诚如校长在日记中所载:"秀如多与我慰藉,颇得帮助。否则真要令人愁结不解,大有死去之可能。"校长患病,自感将不久于人世,担心师母成了"独脚板凳",孤苦伶仃。校长逝世后,对殡仪馆来人运走遗体的粗暴动作,师母心如刀割,放声大哭。师母内心的悲痛压得太重了,忍受太久了!

校长的遗产中,一部分是有形的——湘湖师范,一部分是无形的——湘湖精神。有形的已不复存在,无形的将永留人间。弟子悲喜交加,校长知否?

校长和师母爱祖国、爱人民、爱真理、爱学生。伟大的爱,与天地相接,与万物相融,与世界相和,与学生相连,永远留在弟子们的记忆中。校长、师母的人格魅力、道德文章,诚如校长、师母的名字:海观、秀如。

言有穷而情无终,愿校长、师母在天国里,有阳光一样的心情。

弟子　金普森　叩拜

乙未年戊戌日

《藕湖续集》序

马达远先生是我与老伴楼幼娣就读湘湖师范时的语文老师。他一生既认真地从事教学工作,又勤于研究,笔耕不息。他的教育事功,不仅反映在学生的成长身上,还体现在他撰写的著作、论文和脍炙人口的诗词歌赋中。他的文稿除正式出版和发表之外,还留下了大量未刊发的诗词、散文、随笔和议论文。哲人逝世,薪火相传,把马达远先生的遗著整理出版,是后人应做和能做的事。马师母嘱我为先生的遗著写篇序文,理应从命。此事,张颂南教授最能胜任,他是马先生的学生,学的是汉语言文学专业,一生从事汉语言文学的教学与研究,而我学的是历史学专业,从事的是历史教学与研究。颂南由于健康原因,无力写作。我只能勉为其难,做瞿秋白所说的"犬耕"之事。耕田是牛干的事,要狗去耕田,显然是力不从心的。我请马丁教授(马达远先生的儿子,也是我的学生)把他父亲已刊的和未刊的著作、论文和诗词作品复印一份给我。于是,花费了近半年的业余时间,研读了马先生的文稿。现把读后的感受写下,算是学生交给老师的一篇作业,权充序文。

马达远先生一生以顽强的毅力,执着的信念和乐观的精神致力于教育教学事业。他于1917年8月出生于江苏淮安,8岁进入私塾,接受中国传统的启蒙教育,两年后就读淮安国民初小。小学毕业后考入江苏省立石湖乡村师范学校。1942年考入浙江大学,就读中国语言文学系。1946年毕业后到绍兴大通学堂(现绍兴一中)任教,1948年进入湘湖师范学校任教,1957年调到萧山中学担

任语文教师,直至退休。马老师一辈子教坛耕耘,桃李满天下。梁启超在《教育家的自家田地》一文中,曾写道:

> 无论做何种职业的人,都各有他自己的田地。但要问哪一块田地最广最大,最丰富,我想再没有能比得上教育家的了。教育家日日做的,终身做的,不外两件事,一是学,二是诲人。学是自利,诲人是利他。人生活动目的,除却自利、利他两项外,更有何事?然而操别的职业的人,往往这两件事当场冲突——利得他人,便不利自己,利得自己,便不利他人。就令不冲突,然而一种活动同时具备这两方面效率者,实在不多。教育这门职业却不然,一面诲人,一面便是学;一面学,一面便拿来诲人。两件事并作一件做,形成一种自利、利他不可分的活动。对于人生目的之实现,再没有比这种职业更为接近,更为直接的了。

马先生就是在这块快乐的田地上耕耘了一辈子。正出于对教师职业的热爱,超越芸芸众生,世俗物欲,而献身于教育事业。1978年,他儿子马丁考取原杭州大学历史学系,1982年毕业后,马达远先生到我家来,谈起马丁大学毕业后的工作问题,他说最好还是能分配到学校当老师。杭州大学是综合性大学,当时还是计划经济,毕业生是由政府统一下达分配计划的。当时温州有一个教职的指标,他支持儿子离开杭州去温州任教。他对教育事业情有独钟,到了痴心与迷恋的程度。退休后,仍挥鞭于教坛。1979年退休,在杭州的几所高校(杭州师范学院、浙江丝绸学院、电大、北京广播学院浙江函授站等)教了11年半的书。

尊师爱生是马达远先生的优秀品格之体现。他的学生吴美荣回忆:"我是马老师的学生。他教语文,我当科代表,他当班主任,我做他的班干部,耳提面命,没齿难忘。我投考湘湖师范时的语文命题,就是马老师拟的。我清楚地记得作文题目是《我为什么要报考湘师》。""马老师十分关心我,鼓励我克服困难,完成学业。并且深情地对我说:'我们都是农家子弟,读书的机会要珍惜。我会把你当作我自己的弟弟一样,帮助你解决膏火之费的。'马老师热爱学生,关心贫下中农子弟的火热的心,永远铭记在我心里。"他时刻关心着学生毕业后的学习、工作与生活。当他的学生有困难,力所能及地给予帮助,甚至在学生先他而去时,会写下文字表达师生之情谊,学生朱象印逝世时,马先生写下七律《哭湘湖师范学生朱象印》:

> 隔壁噩闻竟是真,苍天为何逝斯人。
>
> 地分婺楚三千里,谊结师生五十春。
>
> 寒舍闲聊情似昨,登楼摄像景犹新。
>
> 颜回好学未长寿,绛帐传薪道朝闻。

马达远先生非常尊敬自己的老师。他在《姘蠓育英才薪尽火传》《公务用文的撰写》《秘书学通论》等文章和著作中,都说得益于金海观校长的栽培与鼓励。晚年,他写了多篇怀念恩师夏承焘、王季思、徐震堮、苏步青等师长的文章,歌颂他们教书育人,潜心学问的优秀品格。《纪念一代词家夏承焘百年华诞》《忆承焘师》《苏步青二三事》《难忘的教诲——为纪念元曲专家季思师而作》《怀念学者胡裕树》等文,字里行间,透晰出他尊师的心声。他在追忆胡裕树教授的七律中写道:

师承名校号多能,道德文章天下闻。

讲学扶桑弘汉语,应邀平壤润中文。

校勘标点盛唐史,授业收徒俊彦门。

语法曾魔群体智,长留业绩传芳名。

马达远先生一生以教书育人、读书撰文为人生的最大乐趣,在风风雨雨的半个多世纪里,用心血和智慧凝聚成的著作——散文、随笔、议论文和数百首诗词,是留给后人的最宝贵的财富。他在语言文字、古籍整理、历史学、旧体诗词等领域均有研究成果,著有《国语故事选》(上海古籍出版社)、《藕湖斋文稿》(亚太国际出版有限公司)等专著,还在《浙江师范大学学报》《安徽大学学报》等学术刊物上发表论文多篇,更在各种报纸杂志上发表了数以百计的诗词和随笔。马达远先生写下的文字,不仅笔触纵横,视野千里,感情炽烈,文辞率真,更反映出他追求知识、崇尚科学、热爱祖国与时俱进的赤子心怀,展示了一代老知识分子的人生观和价值观。马先生在 80 华诞时写下了七律《八十抒怀》:

贫富悬殊意不平,穷娃苦读腹饥鸣。

壮年常抱著书志,暮岁犹存济世情。

昂首奋蹄期有至,丹心发奋讵元成。

当今兴国靠科技,学贯中西人服膺。

蔡惠泉在《微霞尚满天》一文中说:"著书不为稻粱谋,阅读撰文是享受","56 言涵盖马老一生","一个教师的最大心愿是什么?聚天下英才而教之。马老桃李满园,自不待言;一个读书人的最大企盼是什么?倾心血而成的著作问世,留与后人,不虚此生。"

马达远先生幼年读私塾,念古书,钟情于祖国语言文字,一生与中国传统语言文学为伴,对古典格律诗词情有独钟,他留给后人的诗词,除了反映出他"采得百花成蜜后"的勤奋与功力之外,更表达了他热爱祖国、关心民众的心愿,与时俱进的精神。国内外发生重大事件或有重大喜庆等,都会有感而发写下诗词或文章,如七律《喜迎十六大》《学习十六大精神》,五律《庆国庆55周年》,旧体词《西江月·小平南巡》《水龙吟·戊寅长江抗洪救险》《沁园春·纪念西安事变六十周年》《定风波·纪念辛亥革命九十周年》《龙吟曲·国庆中秋佳节同日有感》等等。现录两首,可见一斑。

七律·马年谈马

马年谈马贵于行,千里疾蹄因得名。

骏马骅骝原野有,人间百乐不常闻。

黄金买骨燕照智,赤兔效忠关羽仁。

华夏欢欣马喻子,谁家千里驹儿能。

水龙吟·也谈把黄河事办好

巍巍青藏高原,亚东活水源头处。黄河万里,流经九省,福荫今古。建国新兴,建成水利工程无数。灌溉农产富,绿装生态,防洪坝,排淤吐。　　现断流须急御。治悬河,同时兼顾。"大西"调水,雅黄良策,百年难遇。水质优淡,施工容易,高奔低路。水增加四倍,河清有日,惠风时雨。

马达远先生把自己的喜怒哀乐与民族的尊严、国家的独立、社会的稳定、人民的幸福连在一起。中共中央领导全国人民奔小康,他写下了《谈小康》一文,写道:"'小康'虽源于西周时的《诗经》,《左传》中记载孔子纪念子产曾引用过;后来儒家在《礼记》中曾阐述过'小康社会',但这只是儒家学者一种憧憬,一种梦想,从未变成事实。只有在共产党领导下,中华民族的夙愿才会真正实现。

31

我生也幸,在逾八望九之年,与全国人民一道愉快地共享初级小康生活,登高望远,明天全面建成小康社会,日子将更加美好。"国内外形势大好,但国际上冷战不绝,国内物欲横流,他居安思危,写下了《浅析忧患意识》一文,列举了国内外种种现象后,写道:"要言之,我们应该增强忧患意识,'居安思危,思则有备,有备无患。'"28届奥运会女排夺魁、刘翔折桂、邢慧娜夺魁,等等,他用《沁园春》《诉衷情》《永遇乐》《一剪梅》《水调歌头》《齐天乐》等词牌填写了一首首古体词曲。读上述文章与诗词,深受教育,也深感马达远先生的高山仰止,景行行止。马达远先生的道德文章,将永远激励后人。身为晚生,不揣浅陋,谨记上述感慨,略表对先生的崇敬之心,并对师母致以良好的祝愿。

丁亥年教师节于杭州颐景园寓所

我的启蒙老师

从小学、中学到大学,众多老师为我传道、授业与解惑,使我拥有做人、做事、做学问的品德、技能和知识,自己也成为教师队伍中的一员。师恩难忘,一位位老师的言谈举止、音容笑貌,常在我脑海呈现。启蒙老师是教育童蒙、开发蒙昧的第一位老师,教人识字,使人得到入门的基本技能与知识。

我的启蒙老师姓何,名永圣,字哲人,是距我家二华里的燕窝村人。他参加乡试,屡试不中,遂以塾师为终身职业。我初入学馆之时,日寇正肆虐中华大地,无能读书的学校。父亲与堂叔(他儿子比我大一岁)联络其他学童的家长,在堂叔的泥墙屋楼上办起一所私塾,课桌和坐凳学生自带,聘请在家颐养天年的永圣先生为老师。此时,先生已过古稀之年,住在楼上的一角,床边放一只书箱,床前放一把椅子和一张四方桌子。楼梯口放一只炭炉,先生吃的饭是用铜罐在炭炉上蒸的,每日的蔬菜则由学生轮流送。先生不拿薪俸,免费教学生。

十几位学生的课本是自带的,找到什么书就带什么书,有《百家姓》《三字经》《千家文》,也有《论语》《孟子》等。由于课本不一样,先生要分别授课。那时轮流叫名字,叫到的拿课本在四方桌旁坐下,先生教,学生跟着念,记住了,就回到自己的座位上,再叫一名学生。这样轮完了,学生再轮流到先生面前念给他听或背诵给他听。上午是授课,下午是教学生写字,每天写一张(现今的16开张),写好后送先生批阅。

　　我的启蒙课本是最流行的《三字经》，课本保存至今，由于封面和底页缺失，无从考证于何年由什么书局印的，但从内容上看肯定不是国学大师章太炎先生增补的重订本。读熟了《三字经》后，读的是《论语》，课本至今也保存着，是光绪二十八年（1902）仲秋，兰溪裕源堂印的《四书》之一。接着又读《孟子》《大学》，由于永圣先生年事已高，身体衰弱，不能坚持教我读《中庸》了。我由于学习用功，经常得永圣先生的称赞。他同我父母亲讲，儿子会有出息的，家里经济再困难，也要送他上学。当他辞去教职时，还叫我到他面前，叮咛我要继续用功读书，好好练字，并送给我两支毛笔和两部书，一部是《增注七家诗汇抄》，一部是《绘画解人颐》，在书的封面上还亲笔写下"何哲人赠"四字。年幼的我，读不懂，到读大学时才读懂。先生赠送的两部书我至今保存着。赠笔和书给我，是先生对我的器重、期望和鼓励，它一直鞭策我努力学习、积极向上。

　　《三字经》内容广博，言简意赅，形象通俗，对仗押韵，易学易懂。先生有时也会作些解释，或就内容讲个小故事。《论语》的内容涉及哲学、政治、教育、伦理、文化等各方面。《孟子》运用大量的比喻、排偶句，形象生动，颇具说服力。《大学》是专门讲修身、治国、平天下的理学代表作。永圣先生教我们识字与背诵，其意不解，熟读自通，读书百遍，其义自见，只要求读得下来，甚至会背诵，慢慢会懂的。我的古文学基础因此有了长进。

　　我上学的第二年，在学生完成当天功课后，先生给全体学生讲故事，印象最深的是讲《水浒》。一次讲一回，第二天开讲前，先生点名，叫学生把他前一天讲的故事重讲一遍。至于讲得满意与否，以鼓掌作表示。对最满意的给予三次掌声，次之二次，再次之一次，讲得不满意的就没有掌声。

　　永圣先生开发了我的蒙昧，教会我读书识字、握笔写字，更重要的是他指引我走上了教书育人的终身事业。

先生之风　山高水长

——思忆吾师徐规教授

徐先生从 21 世纪初起数次中风,凭顽强的意志、医生高超的医术及子女的精心护理,均转危为安。但是 2007 年的一次中风后,留下了严重的后遗症,虽然头脑清楚,但是语言沟通产生障碍,四肢不能行动,饮食、起卧全靠人护理。在他患病期间,教师节和春节,我都登门看望。2010 年 12 月 21 日下午 1 时 30 分,徐先生与世长辞。我再也看不到他了,留下的是对先生无限的思念,对先生不仅有深深的尊敬,也有对他予我的教导、关怀的感动与感激。

55 年前,我考入浙江师范学院(杭州大学前身)历史学系。中国古代中世纪的宋代、元代时期是听徐先生讲授的,当时没有教材,是徐先生把自己编写的讲义印发给我们。讲义按章、节、目编排,每“目”下均是摘选一段又一段的史料,授课时对史料进行逐段解读。对每“目”下的史料进行解读后,讲述该“目”的基本内容。他的讲授,既使学生学习了历史,提高了古汉语阅读能力,也学到了鉴别史料、考证史料的方法。徐先生说:“学习和研究历史要练好三个基本功,即义理、考证和文章,三者不可偏废。”现在回想起来,他所编的讲义和课堂上的讲授,就是在给大学本科生的教学中培养学史与治史的三个基本功。

我大学毕业后留校任教,除任助教一职外,主要是学习古汉语和外语。学习古汉语的读本是《古文观止》,老师是徐先生。《古文观止》是国学经典,凡十二卷,上起先秦,下讫明代,选文 222 篇,以散文为主,间收骈文。授课时间为每周一个晚上,一年中选读了40余篇散文与骈文。徐先生的授课方式是先读一遍课文,然后逐段逐句地解读,待我们能读懂、读通后,他再吟诵一遍。使我终生难忘的是徐先生讲授韩愈《祭十二郎文》的那个晚上。徐先生还是读、解读,而后是吟诵。当吟诵到《祭十二郎文》最后一段:"呜呼!汝病吾不知时,汝殁吾不知日,生不能相养于共居,殁不能抚汝以尽哀,敛不凭其棺,窆不临其穴……呜呼!言有穷而情不可终,汝其知也邪?其不知也邪?呜呼哀哉!尚飨。"讲者泪流满面,听者也眼含泪水。韩愈的《祭十二郎文》被称为祭文中的"千年绝唱","字字是血,字字是泪"。徐先生讲授此文,把韩愈哀悼亡侄十二郎的至真至纯至深的骨肉之情、哀痛之情讲得凄楚感人,使我终生难忘。

作为学生,对徐先生诲人不倦的师表之德有深刻的感受。他总是要求学生珍惜光阴,努力攻读。最期待的是弟子们在治学道路上的不断进步。弟子们有论文发表或著作出版,徐先生会比弟子还高兴。弟子包伟民的《论宋代折钱租与钱租性质》一文在《历史研究》上发表,他很高兴地告诉我此事。弟子何忠礼的长篇论文《论南宋刑政未明之原因及其影响》在日本《东方学报》上刊出,他同样告诉我此事,并说要系里的教师潜心研究,力争在国内外权威刊物上发文章,在国内、国际均争得学术发言权。1993年,国务院学位办审议通过杭州大学中国近现代史专业博士学位点,并审议通过我作为该点的博士生导师。徐先生知道后,其高兴程度甚至超过我本人。我是他一生教过的学生中第一位成为博士生导师的。

徐先生谆谆告诫我们,在做人、做学问上,做人是第一位的。"文革"十年,是检验每个人人品的大舞台。有一位学生,之前经常出入徐先生宿舍,徐先生对他十分器重,真心扶持。"文革"中徐先生被戴上资产阶级及反动学术权威帽子,被关进牛棚。这位学生为了表现自己是革命派,与徐先生划清界限,翻脸不认人,无中生有地进行诬陷、侮辱。改革开放后,这位学生又想投入徐先生门下,托人向徐先生讲,他想报考硕士研究生。徐先生说他读什么研究生,在基层锻炼,端正人品、学会做人才是最要紧的。一位学生跟随造反派到徐先生宿舍抄家,凡是卡片、笔记本和手写的文稿全部抄走。抄家时,徐先生说我的文稿你们可以审查但千万别丢了、烧了,这位学生听进去了。待抄家风潮过后,他偷偷地把包括《王禹偁事迹著作编年》在内的相关文稿送还给徐先生,这是先生几十年治史的心血结晶。见到失而复得的书稿,徐先生既高兴又十分感激这位学生。日后,徐先生对这位学生倍加栽培。

徐先生十分关注系风建设。受"文革"影响以及市场经济情境下,教师与学生中,有人急功近利,功利心切,有人好高骛远,治学不严谨,有人见钱眼开,不务正业。徐先生就提出:"如何使教师与学生的心境从热衷利回归到严肃认真的学习正业和治史本位中。"我任历史系副主任、系主任的 15 年间,是努力遵循先生的教导去做的,也收到了一定的效果。

在我任系主任期间有一件事未能完成先生的心愿。徐先生几次提出要把历史系资料室恢复为"东莞室"的建制。"东莞室"是1942 年冬浙大史地系为纪念张荫麟先生而建的。张先生于 1940年夏任浙大国史教授,兼通文史哲,才识为当代第一流。其平生贡献以史学为最大,所著《中国史纲》(上古篇)一书,被推为当代"历史教科书中最好的一本创作"。张先生的论著多自辟门径,为开风气之作,他在浙大宏开讲坛,青年学生如坐春风。可惜的是张先生英年早逝,1942 年 10 月在贵州遵义浙大总校辞世时年仅 37 岁。

"东莞室"建立时,陈列了张先生的遗嘱及书籍。1947年,张师母把张先生在抗战初期寄存在北平东莞会馆的图书一万余册捐赠给浙大史地系"东莞室"。1952年高等学校院系调整后,"东莞室"改为历史系资料室。

1989年10月,徐先生特地写了《介绍张荫麟教授事迹和学术贡献》一文给我。他在该文最后一段写道:"我在这里介绍张先生的生平与学术成就,目的在于建议我校历史系是否可以恢复'东莞室'的建制。过去我系所有教授中,逝世于斯,并在全国取得第一流的学术地位的只有张荫麟先生。树碑立传,足以使我系生光,使青年学生得以有所师法。"

恢复"东莞室"建制未办成,是我亏欠先生的一片苦心。前些年历史系资料室撤销,牌子丢入垃圾箱,藏书被搬走,书架作废品处理,我心痛得寝食难安。我又想幸而当年未办成此事,如办成的话,我将更为难堪和难受。

我又有幸与徐先生做邻居十余年(1964—1978)。徐先生在1954年从温州调浙江师院任教,师母留在温州,一直单身一人在杭州。我结婚后,一直夫妻两地分居,单身一人。我与徐先生都住集体宿舍,他住206室,我住205室。这十余年中,我们朝夕相处,一起去食堂买回饭菜,在宿舍用餐。夏天炎热,打开房门,面朝走廊,以板凳为桌子,坐在小板凳上,面对面用餐。徐先生唯一的嗜好是喝杯酒,边喝酒边看报纸。我一辈子也不会喝酒,每顿饭三五分钟就吃好了,点燃一支烟,看看报纸。待看完报纸,又一起去盥洗室洗碗。在共同生活的年间,我从他的言传身教中学到了做人、做事、做学问的品德、态度和精神。徐先生为人淳朴谦谨,对同行、朋友是真心扶持、坦诚相见。做事认真负责,一丝不苟。治学是全身心投入,他一生与书为伴,终日把卷,实乃天生书痴。他只订《光明日报》和《参考消息》,并说对两份报纸也要择要而阅,在用餐时阅读,没有时间看其他闲书,要抓紧时间阅读宋代典籍。他一生的时间和精力几乎都是花费在宋史研究上,在宋史研究上取得了卓越成就,成为了海内外知名的宋史专家。

徐先生对我学习上、生活上的关心照顾,也是我矢志难忘的。我在读书中有不懂不清楚的,可以到对面去向徐先生请教,他会一一解惑,有时他也不清楚的则会不知倦怠地寻找资料帮我弄清楚。在治学的道路上,徐先生给予我的帮助是很多的。我与徐先生都是单身一人在杭州,每年暑假、寒假他都去温州,而我则是妻室来杭州。他去温州时把 206 室的钥匙交给我,并说:"你爱人、女儿来杭可以住,有两间房对学习、生活有好处。"徐先生长我 12 岁,我对他像父辈一样尊重,我女儿就叫他"徐阿公"。他家里有什么事,我也是尽心地帮助与处理。

徐先生辞世周年之际,谨以此文寄托对他的思念,愿徐先生在天国,有阳光一样的心情。

撷取记忆的片断

——我与慰祖 55 年

董慰祖患不治之症已 6 年,他一直以平静之心与病魔斗争。去年重阳节是我 80 岁生日,他在夫人蔡秀华、儿子董小军陪伴下,从绍兴驱车到我老家——义乌市大陈镇外西坞村来看我。看他的脸色、行动和语言表达,我与夫人一个共同的感觉是慰祖的健康状况在每况愈下。

我的一个心愿是有生之年回老家过个春节,慰祖与我同心。因而在 2012 年的春节我与家人一起回老家过春节,而慰祖也在家人陪同下一到上海老家过春节。他入住上海宾馆,春节期间,与弟妹们或在宾馆相聚,或到弟妹家拜访。节后,我正月初六返回杭州,他先我一天正月初五返回绍兴。过了元宵节,慰祖住入绍兴市人民医院治疗。

慰祖患的是肺癌,且已转移到脑部,虽经几次手术治疗、化疗和长期的药物治疗,疾病还是未能得到根治。去年下半年起脑水肿压迫神经,影响语言和右肢功能。本月初得知病情加重,我与老伴商量,要去绍兴看看慰祖。3 月 11 日,天气放晴,由金革非驾车,我们三人直奔绍兴市人民医院 19 楼 21 病房。上午 9 时了,他还未能醒来,我们叫他,摇他的头与身体,也未见他醒来。在病房呆了一个多小时,一次次地喊他、摇他,似乎有所反应,知道我们去看他了。但未能张开眼睛看看我们,也未能讲一句话,喊我一声。我们感到,慰祖将不久于人世。走出医院,我们直返杭州。

一个小我四岁的同窗挚友又将离我而去。这一周里,只要稍静,脑海里就出现慰祖的音容。

18日,又是星期日,我拨通了小军的手机,询问慰祖近况。小军告知:医院发了病危通知,姐姐董珂从美国赶回来,今晚可以抵上海;爸爸处深眠状态,靠鼻饲输入营养液以维持生命。我说:你与你妈辛苦了,要有你爸离你们而去的思想准备。此话出口,心如刀绞一样的痛。

晚上彻夜难眠,想起先我们而去的同学,周福棉、傅志恒、傅子祥、朱顺佐……,反正睡不着,晨四时起身,坐在书桌前,慰祖与我相处的点点滴滴涌上心头。

我与慰祖相识于1956年。那一年,我以调干生的身份,慰祖以应届毕业生的身份参加高考,同时被浙江师范学院(杭州大学前身)录取,他在历史学系,我在政治学系。半年后,政治学系撤销,我转入历史学系,与慰祖同班,我年长慰祖四岁,此后的三年半时间共同学习、劳动,上山下乡都在一起,情谊非同一般。

慰祖出身于知识分子家庭。父亲是医生,在上海霞飞路开私人诊所,家境优越。不幸的是在他还不懂世事之年,母亲病逝。不久,父亲再婚,又有了一群弟妹。他是在外婆照护下长大,在外婆家上小学、中学。从小失去母爱,使慰祖养成了沉默寡言的性格。在大学生活的几年中,学习用功,劳动积极,成绩优良。反右运动中,很少讲话。"大跃进"运动的岁月中,生产劳动、上山下乡特别多,慰祖在劳动中特别卖力,在农村与农民的关系很亲密。当年,我是学生党支部的书记,见慰祖的所作所为,我说他很不像其他知识分子家庭出身的,而像一个农民家庭出身的人,干起农活来虽不像样但很卖力。于是他告诉了我他孩提时代的一些事,我理解他,同情他,他也很乐意与我在一起。

　　慰祖特别能吃苦，与我一起在富阳参加大办人民公社、大炼钢铁的劳动，一些重活、脏活，他总是抢着干。1958年的农村社会调查中，他背着行李，在浙南小区，访问革命老人，搜集革命史料，征集革命文物。而后在泰顺县山区的一个被誉为红色堡垒的村庄——山后村，与山民们同吃同住同劳动。我是调查组的负责人，除参加浙南地区的调查外，还负责浙东地区、浙南地区调查的联络工作，我要到泰顺县山后村去，并告诉李端行老师日程。李老师派董慰祖到彭溪汽车站来接我。慰祖凌晨起身，步行20华里的山路到彭溪。他在彭溪供销社购买同学们与村民托他代购的物品，一直在车站等我。我在中午时分到达彭溪，与慰祖一起在饭店吃南瓜烧米线。而后他肩挑我的行李以及所购之物，爬山越岭，抵达山后村已是黄昏时分。我说慰祖辛苦了，走这么远的路，挑这么重的担子。而他却说，接你是同学们对他的照顾，一可以不上山砍柴，二可以在彭溪吃上有油的南瓜烧米线。他说在山后村一个月来，每顿都是吃地瓜。劳动时累是不怕的，怕的是蛇与黄蜂的突然袭击。到山后村吃晚饭，果然是一锅地瓜，用饭勺捣烂，每人盛一碗，既无菜，当然更没油。有的人在碗里放点盐，以调剂口味。偶尔吃一二顿是可以的，每天每餐这样吃，确实吃不下。但是我们的同学一个月来坚持下来了。晚饭后，李端行老师与我商量调研之事。李与我是师生，又是同学、同岁，聊了很多。当谈到慰祖时，李老师说：董慰祖肯吃苦，工作认真，办什么事情，都可以放心。

　　我在山后村住了三夜。一天是上山砍柴与挖地瓜，一天是与同学们开会，听取浙南调查组搜集史料与征集文物情况，并商量返校事宜。又是慰祖送我到彭溪乘汽车返校。在山后村闹的笑话至今没忘。山后村村民是从闽南移居来的，讲的是闽南话。同学们与他们交流时是泰顺县政府派来的会讲闽南话的干部和同学张兴仪(他是福建同安县人)作翻译的。抵山后村当天晚上入住一户村民家里。房主递给我一支烟,我说:不抽烟。他听不懂。问我:"滴昏?"我说:"结婚。"并点点头。他又递烟过来,我还是不接。这样推来推去几次后,我接过烟。他要给我点着,我不让他点。房主不理解,我也不理解。第二天我问同学,这里是不是结了婚的人,一定要抽烟? 并讲了昨夜的事。同学们听后捧腹大笑。同学们告知,这里讲的是闽南话,"滴昏"不是"结婚"而是"抽烟"的意思。日后在学校里,同学们还常提此事出我的洋相。

慰祖的外语(俄语)成绩在班上是名列前茅的。学习与研究历史有两个能力是很重要的,一是古汉语,二是外语。有了这两个能力,就能直接阅读古文和外文原版书籍。慰祖中学时期学的是英语,大学时期学的是俄语。20 世纪 50 年代,考虑到社会上对外语人才的需求,学校从 56 级学生中选拔 10 多位同学进行外语强化教学,慰祖是其中的一位。大学毕业后,这 10 多位同学都分配在杭州各高校当外语教师,慰祖留在杭州大学公共外语教研室任教,在物理学系教俄语。我是提前一年毕业留在历史学系教中国现代史。60 年代初,国家遭遇特大的经济困难,高等学校招生规模缩小,于是精简大学教师到中学任教。慰祖就从杭州大学调到诸暨牌头中学教俄语。随着中苏关系的恶化,中学外语课程的设置又改俄语为英语,慰祖又改教英语,这是太难为他了。他靠自己的发奋学习,适应了这种变化。他在中学外语教学中,先是教俄语,而后是改教英语,其教学水准远胜当年大学外语专业毕业生所教的效果,这是他刻苦自学的结果。

慰祖青少年时期的家庭生活比较孤独,既缺母爱也少家庭温暖。结婚以后的家庭生活是温馨的、幸福的、美满的。妻子蔡秀华是中学化学教师,与我妻子是同事,且同住一个房间。我们结婚后,幼娣要我为秀华物色对象,我就想到了慰祖。在我们牵线下,慰祖与秀华相识、相恋,最后结婚。

当年慰祖在杭大任教,秀华在诸暨任教。结婚的那天,秀华从诸暨来杭州,入住西湖边的中华饭店,请我与同班同学周福绵在海丰吃了餐晚饭,而后我们送他们到中华饭店。当年结婚,没有婚礼,没有婚宴,也没有婚房,两人一起住进饭店开设的房间就算结婚了。我与周福绵就是他们结婚的见证人。而后慰祖调到牌头中学任教,秀华调到建在牌头镇的绍兴蚕桑学校任教,从此夫妻俩在诸暨工作了二十多年。婚后生有一女一男。女儿董珂浙江农业大学硕士研究生毕业后赴美国攻读博士学位,现为美国密歇根大学的终身教授。女婿何胜洋与董珂同校执教,一位是生化专家,一位是昆虫学专家。外甥何宇超,为美国40位高中应届优秀毕业生中的一位,美国哈佛大学、耶鲁大学都录取了他。儿子董小军大学毕业后在绍兴房管所工作,而后他承包了房管所附属工厂,工厂规模越办越大,效益也越来越好,积累了资金又办了一家颇具规模的新厂。小军也成为绍兴颇有影响、颇具实力的企业家。孙女董晨今年高中毕业,参加托福考试,已被美国密歇根大学录取。

慰祖患病多年,生命持续到现在,算是创奇迹了。我想除了有较好的医疗条件外,一是靠妻子的悉心照料,对慰祖管得细致周全,衣食住行,作息时间,定时的熬药以及服药。一个会管,慰祖也服管。二是子女的孝顺,小军在国内寻医问药,董珂在国外寻医问药。同时,子女也有经济实力,许多药都是自费的,人家办不到办不成的,他们一一办到办成。子女的言行做到了他父亲名字一样——慰祖。例如,慰祖的一个心愿是在有生之年回上海老家过个春节。龙年春节,在绍兴的一家五口到上海,女儿一家从美国飞回上海,入住上海宾馆。除夕夜,慰祖率全家,邀请弟弟妹妹及其晚辈，在上海宾馆的餐厅包厢内吃团圆饭。这样的团聚，没有子女的孝心和支持，是难以如愿的。

慰祖从一名普通中学的教师，晋升为中学校长、市委宣传部副部长、绍兴文理学院党委书记。仕途通达，靠的是什么？幼娣说到了点子上，一个不想当领导的人，当了领导，一个不愿做官的人做了官，靠的是他的人品。我与慰祖相处半个多世纪，慰祖能得到社会公认、同事与学生的敬重和领导的器重，靠的是他的人格魅力。他为人厚道，待人真诚，工作踏踏实实，做到了淡泊以明志，宁静而致远，在名与利上不争不夺而退与让。我曾同他说起评职称一事，他说中学、大学里高级职称名额有限，应首先考虑在教学第一线的老师。我身为领导，有了职位何必去争职称。在当今物欲横流、名利熏心的情景下，有人谋权位、谋学位、谋职称，头上的光环一个又一个，而慰祖是贫富不改其志，工作不谋其利。慰祖没有显赫的家庭背景，不会吹牛拍马，而是凭他的苦干实干精神，诚实无私的优秀品德，赢得了大家的赞誉与推重，才走到了今天。

年过古稀，都会想到"考终命"。我曾告诉过慰祖，我 80 岁了，算得上真正的老人了，不知哪一天撒手人寰，但总是有这么一天的，我死后不出讣告，不设灵堂，不举行遗体告别。由家人送殡仪馆火化，不留骨灰，不建墓坟，骨灰就由殡仪馆处理。办完遗体处理后一个月内，在报上登个逝世的消息，以告知海内外的同学、同事、弟子以及学术界的一批朋友们，以后不要再给我寄邮件或打电话了。赤条条来到人世间，两手空空撒手人寰，留给后人的是我写下的文字。慰祖很赞同我的想法。

人来到人世间，不是享乐与索取的，而是受苦与奉献的。我的心愿已了，没有牵挂与不安，唯一的牵挂是我与老伴谁先走。先走的是幸福的。谁先走，何时走，听天由命。

我与慰祖同学、同志，不枉同学一场，同生一世。无论谁先走，心中都有你与我，我与你。

2012年3月19日

于杭州颐景园兰苑寓所

天堂安详

天祥,说好你送我去见马克思,怎么变成我送你了呢?白头送黑头,悲哉痛也!

詹天祥小我11岁,是杭州大学历学系"文革"后恢复招收研究生后第二届攻读硕士学位的研究生,师从毛昭晰教授。在读三年,品学兼优。我时任历史学系副主任,并主持中共历史学系总支工作。1982年天祥获史学硕士学位,毕业后留系任教。1984年我任系主任,丁建弘、郑云山任副主任。1986年以丁建弘以访问学者身份赴德国,行前提出辞去系副主任,推荐詹天祥接替他的行政兼职,我表示同意。报学校后,校长批准了丁建弘的请求,任命詹天祥为历史学系副主任。1990年郑云山调学校教务处任副处长,赵世培接任副主任。到1993年年底,我在系主任岗位上干了10年,天祥在系副主任岗位上干了八年。我与天祥本职是教师,却成为"文革"后兼任历史学系主任、副主任时间最长的人。

天祥是我任系主任期间最得力的合作者之一。他在教学第一线为本科生讲授世界史前史,得到学生好评。他除克勤克艰完成系行政分管的工作外,还替我代做了系主任应做的工作。那些年,我除坚持教学工作、指导研究生外,科学研究任务也很重,担任了《近代中国外债研究》《浙江资本主义经济史研究》等国家研究课题,修订教育部部荐高等学校教材《中国现代史稿》等。社会兼职众多,如教育部高教司的历史学课程设置成员、国家社科基地的评估专家组成员等工作性的职务,学术团体的兼职更多,如中国史学会理事、浙江省历史学会会长等。因此出差频繁，有时十天半个月的，就请天祥代理系主任的工作。他办事认真，处理得体。我出差，系里的一切，有詹天祥和胡为民，我就放心。

20世纪80年代、90年代初，我任系主任期间，有党的专职书记胡为民，先后兼职行政工作的郑云山、丁建弘、詹天祥、陈仰光、赵世培、方新德、杨杰等老师，齐心协力，投入了大量的时间与精力进行历史学系的建设。专业设置从单一的历史学专业，创建了历史教育、档案学、文物博物馆学、图书馆学等专业，师资队伍增添了一批新生力量，引进了一批学有成就、年富力强的中年教师，全系教职员工80多人。除中国古代史、世界古代中世纪史、世界区域史与国别史硕士点外，创建了中国近代史硕士点，中国古代史、中国近现代史博士点。历史系资料室成为全校藏书最多、管理最好的资料室，文物室新添了藏品。一批年富力强的党政领导班子，团结教职员工，弘扬奉献精神，发挥正能量，把历史系建成教学有序、学习、学术成风，科研成果累累的学系，历史学学科在全国高校中排在10名左右。在那激情燃烧的岁月，天祥是出力最多、奉献最大者之一。

天祥为人厚道，待人真诚，办事认真，是师生公认的。我对他印象最深的是他为人处世的淡定。他青年时期受到"文革"影响，中年时期花费了大量的时间与精力在行政管理上，占去了他学术研究的时间与精力。凭他的聪明才智与文化功底，绝对可以成为同辈人中出类拔萃的专家学者。我多次同他谈起职称的事，他的同辈、晚辈等都晋升为教授了，他说对他们表示祝贺。他自己这些年却失去了不少的从事论文写作时间，影响了学术成果。但是他觉得把历史系办好也是值得的，得失是连在一起的，有得才有失，有失才有得。他在历史系的几年，得到的是使历史系建设迈上了新的台阶,失去的是做学问的时间。90年代初,根据他的学术成果(数量虽比不上竞争者,但质量上可不低于他们),我建议他申报教授职称,而他却说,教授职称有限,让我的同龄人或比我年轻的人上,我不愿意去争这个有限的名额。天祥的道德文章洁如玉,他的淡泊、宁静值得尊敬。

他患病住院,我前去探望。探望时我带去刚写就的《八十人生悟》,其中写道为人随遇而安,俯仰无愧,年纪大了要学会舍得,懂得放下。天祥看了说:"金老师也写出了我的心迹。"并要我把文稿留给他。而后虽通过电话,但那次见面却成永别。

天祥是我的好同事、好朋友。白头送黑头,呜呼哀哉!我愿天祥一路走好,天堂安详!

写于 2014 年 2 月 6 日

相遇是缘　相知在心
——悼念俞日霞先生

多少次联袂与会,多少次推心置腹,音容笑貌犹在目前,转瞬间却成故人,从此便是相思迢递隔重天! 当日霞溘然长逝的时候,我是悲痛万分,思绪万千。

日霞与我是同学又是挚友。在多种场合——会议上、餐宴中……,日霞都说:"金普森教授是我的大学老师。"我则说:"俞日霞老师是我的大学同学。"其实,两人说的既是谦逊,又是实情。1958年日霞考入杭州大学历史学系,他入学时我是历史学系大三的学生,当然是大学同学。在毁操场为菜地的"大跃进"年代里,通过频繁的政治运动和生产劳动,认识了彼此。当他读大学二年级时,我则提前留校任教,曾担任他们年级的中国现代史课程的教学,并且兼任他们年级中一个班的班主任。大学毕业后,日霞被分配到中学任教,我们失去了联系10余年。

改革开放后,高等学校恢复招生。在1978年浙江省高考阅卷时我们相聚了。有两件事,使我与他联系甚密,相见甚多。第一件事是他的两个女儿先后考入杭州大学读书。大女儿俞婉君考入历史学系,小女儿俞翠薇考入中国语言文学系。第二件事是浙江历史学会恢复学术活动,我是学会理事、副会长,他是学会会员。从1984年起我兼任历史学会会长的近20年期间,他一度被聘为浙江历史学会开发部主任。我们为浙江历史学的研究和历史学界的学术活动作出了共同的努力。

　　我们从相识到相知,至今已 50 多年。我在为他的专著《绍兴虞舜文化研究》一书所作的序中曾写道:"日霞先生勤奋好学,待人热情而真挚。他是一位有心人,也是一位有情人。所谓有心,是说他在努力认真做好教育工作之外,还花费大量的时间与精力搜集资料,采集文物,因地制宜地进行研究工作。他所工作的上虞及周边地区是世界陶瓷的发源地,近年此处发现古窑址达 350 多处,出土了大量古陶瓷。1984 年,上虞严村就发现 5 处商代龙窑,出土了大量印纹陶片。在基层,古窑址中有秦砖汉瓦以及印纹陶片等文物。'文化大革命'期间,我在上虞章镇劳动时,就捡到几块秦砖,带回学校送到历史系文物室。俞日霞先生大学毕业后在上虞工作多年,他收集到不少陶片、瓷器。所谓有情,是说他毕业后念念不忘母校的建设。'文化大革命'结束后,高等学校恢复招生,俞日霞先生主动把自己收藏的文物无偿捐赠给母校历史系资料室,他说:'放在大学资料室比放在自己家里有用。'杭州大学文物室的藏品价值连城,其中一部分是有情之人捐赠的,俞日霞先生就是其中一位。"

　　日霞是越地之子,他的生命之根深深根植于古越的土地上。他在职时,教学之余,从事越文化研究,搜集和积累了大量越文化资料。退休后,他致力于极具学术价值和现实意义的两件大事,即虞舜文化研究和村志研究。

　　21 世纪初,他历时四年,走访四县市 56 个村,搜集虞舜其人、其神的传说故事,调查绍兴、上虞、嵊州各地的舜王庙,特别是对王坛舜王庙的修建史、舜王庙的建筑特点和舜王庙会的调查和研究,撰写了《绍兴虞舜文化研究》,于 2006 年由浙江人民出版社出版。日霞站在民众的立场上,把几千年深埋于民众心中的民众艺术、民众信仰、民众欲求一层一层地发掘出来,来认识民众的生活、民众的欲求,从而认识整个社会。

《绍兴虞舜文化研究》是一本虞舜文化研究的拓荒之作。它的问世引起海内外学者的共同关注与一致好评,也引起当地政府对弘扬虞舜文化的重视。俞日霞发起和创建了绍兴市虞舜文化研究会,出版《虞舜文化》杂志,多次举办虞舜文化研讨会,每年举办舜王庙祭舜大典,并在浙江嵊州谷来镇举行我国首次草根祭舜大典。日霞的作为有力推动了虞舜文化研究。绍兴市虞舜文化研究会被绍兴市社会科学联合会授予 2012 年度双十佳学会,被绍兴市文化广电新闻出版局授予绍兴市非物质文化研究性传承基地等荣誉称号。

村志研究是日霞先生近十年中花费精力最多的一件。由浙江人民出版社出版的第一部绍兴县《南岸村志》后,又先后主编出版了《宁六村志》《杨川村志》《荷湖村志》《富强村志》等。他主编的村志,我都拜读过,并为《南岸村志》作序。在序中我写下:"'小志不可小看',这是浙江省地方志学会会长魏桥先生的观点。我十分赞同。村志较之省志、县志,以及各个专门志来说无疑是小志。小志与大志在性质与功能上是一样的,小志是编纂大志的基础。但小志记载的材料,较之大志来说,更具体、翔实,更亲切、感人。在教育人、鼓舞人、引导人方面更具激励作用,甚至超越大志。"俞日霞先生主编的几部村志不仅是该村的历史,也是江南农村历史的缩影。他计划有生之年主编 20 部村志,通过挖掘、传承、创新,搜寻出一条传统文化、历史文化、现代文化的协调发展之路。

呜呼!日霞走得太突然,太早了。你是带着未了心愿走的,悲哉!

日霞对民俗文化研究情有独钟,他编著了《香炉峰平阳寺签诗注释》一书。签诗是文学艺术作品,是一种民俗文化,是宣传社会伦理道德观念的教科书。日霞在世 79 年,就选香炉峰平阳寺诗签第 79 签作为悼文的结语。

诗曰:

月出渐渐明,家财日日兴,

何言光日滞,更变立功名。

解曰:

贵人折臂进云层,稳重非常禄渐成;

欲问前程何处好,望前顾后有名声。

2014 年 10 月 12 日于

杭州颐景园兰苑寓所

《绍兴虞舜文化研究》序

　　我与俞日霞先生是大学同学,虽不在同一年级,但在毁操场为菜地的"大跃进"年代里,通过频繁的政治运动和生产劳动,认识了彼此。在国家经济极度困难的情况下,大学毕业生只能到最基层去锻炼。日霞被分配到中学任教,改革开放后被评为中学高级教师,后兼任杭州大学古建筑研究所副所长、浙江省历史学会开发部主任。

　　日霞先生勤奋好学,待人热情而真挚。他是一位有心人,也是一位有情人。所谓有心,是说他在努力认真做好教育工作之外,还花费大量的时间与精力搜集资料,采集文物,因地制宜进行研究工作。他所工作的上虞及周边地区是世界陶瓷的发源地,近年此处发现古窑址达350多处,出土了大量古陶瓷。1984年,上虞严村就发现5处商代龙窑,出土了大量印纹陶片。在基层,古窑址中有秦砖汉瓦以及印纹陶片等文物。"文化大革命"期间,我在上虞章镇劳动时,就捡到几块秦砖,带回学校送到历史系文物室。俞日霞先生大学毕业后在上虞工作多年,他收集到不少陶片瓷器。所谓有情,是说他毕业后念念不忘母校的建设。"文化大革命"结束后,高等学校恢复招生,俞日霞先生主动把自己收藏的文物无偿捐赠给母校历史系资料室,他说:"放在大学资料室比放在自己家里有用。"杭州大学文物室的藏品价值连城,其中一部分是有情之人捐赠的,俞日霞先生就是其中一位。

　　最近,俞日霞先生送来了退休后撰写的《绍兴虞舜文化研究》,

谦逊地要我指正并请我作序。他历时四年,走访四县市五十六个村,搜集到不少虞舜其人、其神的传说故事,细致地调查了王坛舜王庙的修建史、舜王庙的建筑特点和舜王庙会,找到舜王庙签诗的不同版本,在调查研究的基础上写就此书。我很有兴趣地读完了初稿,受益匪浅。这是一本民族文化研究的档案,目前世界学术界称之为"另一种历史"。在此,我记起1928年3月《民间文艺周刊》改版为《民俗周刊》时的发刊词中的几句话:

> 我们要站在民众的立场上来认识民众!
>
> 我们要探讨各种民众的生活,民众的欲求,来认识整个社会!
>
> 我们自己就是民众,应该体验自己的生活!
>
> 我们要把几千年埋没着的民众艺术,民众信仰,民众习惯,一层一层地发掘出来!
>
> 我们要打破以圣贤为中心的历史,建设全民众的历史!

俞日霞先生所做的就是站在民众的立场上,把几千年深埋于民众心中的民众艺术、民众信仰、民众欲求一层一层地发掘出来,来认识民众的生活、民众的信仰、民众的欲求,从而认识整个社会。

民俗学,或称民俗文化,是一门社会科学,是一门人文科学,它的研究对象是一个国家或民族中广大人民所创造和传承的生活文化及其演变过程。绍兴虞舜文化是绍兴会稽山区人民信仰舜的产物,人们相信舜王的庇护,从而获得心理上的安慰、信心和力量。舜王庙是会稽山区人民精神的象征,它使会稽山区形成一个虞舜文化圈,其范围包括绍兴、上虞、诸暨、嵊州四个县市交界的会稽山区。

要"抢救"民俗文化和民俗史的资料！用"抢救"两个字是要强调加强调查研究。新中国成立后并没有组织力量把民俗文化资料收集起来,记录下来。特别是经过十年浩劫、破"四旧"等事件,很多民俗文化被破坏掉了。保护民俗文化,俞日霞先生算是走在前面了。他花了四年时间,调查研究绍兴虞舜文化,笔录、拍照,详细记录下各种资料。初稿中除文字外,还有许多珍贵的图片。还有许多类似虞舜文化这类民俗文化的课题,亟须有人去做"抢救"工作。

民俗是各民族所创造、享用和传承的生活和文化,是历史留下的珍贵且易失的遗产,研究民俗学的一种主要方法就是历史研究法,其总的研究范围不外乎语言、行动、心意传承三方面。对民俗学取材主要是传承,这就需要从事这方面研究的人员,走出书斋到民间去进行实地调查。

在民俗文化研究的学术著作中,本书是具有自身特色的一部。它的出版具有学术意义和保存史料之价值,人们必能从中获得有益的启迪,起到缅怀先贤、激励来者的作用。俞日霞先生在退休后,能在艰难的条件下进行广泛深入的调查,撰写出图文并茂的作品来,是难能可贵的。乐为之序。

2005 年 11 月 9 日

（原载俞日霞：《绍兴虞舜文化研究》,杭州：浙江人民出版社,2006 年）

《南岸村志》序

　　20世纪50年代初,我在浙江湘湖师范读书时,绍兴专员公署要求湘湖师范派学生协助绍兴各县办冬学活动。湘师向有为当地社会经济发展服务的优良传统,校方决定将我班40余名同学分派到绍属的绍兴、萧山、诸暨、上虞、嵊县、新昌各县,利用农闲时间,协办冬学,为成年人扫盲与提高文化素养。我被分配到绍兴县。赴绍兴县前,我借了些图书,知道些绍兴县的历史沿革、教育以及风俗人情。1951年冬,我从萧山坐船经浙东运河赴绍兴。这是我第一次坐船,也是第一次在浙东运河上观看萧绍平原两岸的风光。有一件事,至今铭记在我脑海,是眼看有一小船急驶追上在运河上行驶的客船,抓住客船的船沿叫卖豆腐干、萝卜干、茴香豆,等等。尽管穷学生囊中羞涩,我还是买了1毛钱的豆腐干。

　　我们一行6人抵达绍兴,向县文教科报到。我被派到东浦区的赏祊乡,于是又坐上乌篷船。一人坐在船上既好奇又担心,看到纤道、拱桥,约2个小时后抵达赏祊。赏祊乡的农户,家家都有一只小船,这是出门的工具。无论是出门干活或走亲串门,都要坐船。我在赏祊的办学活动,也离不开船。日后到绍兴县文教科联系汇报工作,任务是与各方联络,了解办学情况,并编一份《冬学通讯》。直至1952年春节后返回湘湖师范,在绍兴县的3个多月,使我看到水乡、桥乡的风光,感受到酒乡、锡箔之乡的气息,更领悟到名士之乡的深厚的文化底蕴和丰富的文化遗产。

　　日后我多次到绍兴,也只在城区内。2006年初春,俞日霞先生《绍兴虞舜文化研究》一书出版后,在绍兴县王坛镇举行首发式,我才到王坛镇,参观舜王庙,知道王坛镇的南岸村、王坛村、上王村等。2007年冬,俞日霞先生又把他主编的《南岸村志》书稿,亲自送到我家,要我审阅。我说"审"不敢当,"阅"可以,"阅"就是"读",先读为快,乐乎从之。由于眼疾,花了近一个月时间,把25万字的书稿读了一遍,某些章节读了两三遍,受益匪浅。

"小志不可小看",这是浙江省地方志学会会长魏桥先生的观点。我十分赞同。村志较之省志、县志,以及各个专门志来说无疑是小志。小志与大志在性质与功能上是一样的,小志是编纂大志的基础。但小志记载的材料,较之大志来说,更具体、翔实,更亲切、感人。在教育人、鼓舞人、引导人方面更具激励作用,甚至超越大志。

《南岸村志》编委会同仁,克服重重困难,到档案馆、图书馆及有关单位搜集原始资料,深入各个自然村进行民间调查,历时一载有余,汇集了100多万字的文字资料。在此基础上,在辩证唯物史观指导下,撰写了25万字的初稿。村志记载了南岸村的建制沿革、自然环境、居民中的人口变动及构成,社会治安、公共设施、物质生活的变化、精神生活的变迁,政党、政权组织、社会团体以及历次政治运动。在经济编中,分农业、林业、养殖业、工业、商业、交通运输业,从生产关系的变革、生产工具的改良以及科学技术的推广各个方面,作了详细的记载。此外,对文教、卫生、民俗(婚俗、殡葬习俗、节令民俗、酒俗、民谚、民谣等)以及名胜古迹,均作了介绍。南岸村在历史上有过苦难、抗争,也有过辉煌,而今日的南岸村环境秀美,经济繁荣,社会安定,文化事业也得到了相应的发展,成为绍兴市级卫生村、环境优美村、市文明村。2006年,南岸村被浙江省委、省政府授予"全面小康建设示范村"的荣誉称号。翻天覆地的变化,全赖村党支部的先锋模范作用。绍兴县委授予南岸村党支部"五好村党组织"的荣誉称号,南岸村党支部被评为市级五好党支部,支部书记陶国强被评为绍兴市富民书记。

"集大成,得智慧",驱开历史的云烟,穿透文明史的尘埃,在《南岸村志》中品鉴历史的真实,在历史变迁中品味越文化的底蕴,领略南岸的创业精神,体味党的政策与农民的命运。

《中共浙江省委扎实推进创业富民创新强省的决定》要求全省"积极推进文化创新,完善扶持公益性文化事业,发展文化产业,鼓励文化创新的政策,培养文化创新主体,不断激发文化发展活力"。编撰志书,无疑是公益性的文化事业。南岸村党支部、村委组织力量编写《南岸村志》,是令人欣喜的。南岸村的历史,是南岸村民的共同财富,加以全面搜集,系统整理,编撰成志书,是一件功德无量的事情。

志书的基本功能是"存史、资治、教化",它能教育人、引导人、培养人、激励人。《南岸村志》的出版,旨在继承和弘扬优秀文化传统,培养爱国爱乡精神,激励他们为家乡的繁荣昌盛而奉献力量。

南岸村的历史,是江南农村历史的缩影。我相信,全省各地农村,通过挖掘传承、创新,一定会探寻出一条传统文化、历史文化、现代文化协调发展的道路,建设新农村,使全省农村早日实现全面小康。

祝愿南岸村的人们再创新成绩,再上新台阶!

2008 年元旦于杭州颐景园寓所

(原载俞日霞主编:《南岸村志》,杭州:浙江人民出版社,2008年)

家人与家谱

我的父亲

父亲名祖枬,字财宝,号盛堆,生于光绪丙申年四月二十日午时,即1896年6月1日。1964年4月5日18时病逝,享年69岁。69岁是个坎,叔父在69岁时撒手人间,我姐姐也是69岁时去世。算命先生说我的寿命也是69岁,结果是69岁那年大病了一场。当代医学技术发达,经手术与药物治疗,我起死回生,逃过了一劫,只是体重减轻了20多公斤。

父亲的爷爷名绍荣,字树声,太学生,生于咸丰壬子年十月初六日寅时(1852年11月17日),卒于民国戊午年三月初一日午时(1918年4月11日)。我爷爷在世时,每到春节,在家里挂出我太公、太婆的画像。太公在上方,下方画了四个太婆。爷爷曾指着画像告诉我太公和四位太婆的情形,并说太公下面左上方的太婆,与太公成亲不久,就被长毛(指太平军)杀害了。右上方的太婆就是他的生母。右下方的太婆就是杜门宣德里姑婆的生母。长大后,我查阅了《崇儒金氏宗谱》(1937年修),宗谱在绍荣条目中载:"娶郭氏,生道光己酉三月初八(1849年3月31日),卒同治癸亥二月初二辰时(1863年3月20日)。继娶楼氏,生道光庚戌六月廿二未时(1850年7月30日),卒同治癸酉八月十一未时(1873年10月2日),生一子尔泰。继娶叶氏,生咸丰甲寅二月十九卯时(1854年3月17日),卒光绪壬午六月初一午时(1882年7月15日),生二女,长美音,次才音。又娶汪氏,生同治丁卯四月初五午时(1867年4月27日),卒光绪丙申九月廿四戌时(1896年10月30日)。

63

叶、汪氏合葬于里西坞山脚枇杷形山坐癸向丁。生一女寿英,适杜门宣忠林。"太公的墓是"与楼氏合葬于蚕毛坞山坐甲向庚"。小时候,每逢清明、冬至,爸爸会带我去枇杷形山和蚕毛坞山给两位太婆和太公太婆上坟。今年清明节,与弟弟返乡祭祖,走到蚕毛坞山,由于封山育林,走不进太公、太婆的墓前。至于两位太婆的墓建在半山腰上,就更进不去了。给太公、太婆上坟的心愿,也只能是心愿而已。

爸爸的父亲名尔泰,字君尧,生于同治庚午年十一月初四日辰时(1870 年 12 月 25 日),卒 1947 年 7 月 15 日午时。据《崇儒金氏宗谱》载:"娶羊角山头骆氏,生同治戊辰二月廿四辰时(1868 年 3 月 17 日),卒光绪丙午十二月廿七酉时(1907 年 2 月 9 日),生二子祖枬、祖栋,一女之琴适楼村周。继娶徐山头楼氏,生光绪乙酉九月初七申时(1885 年 10 月 4 日),卒民国丙寅十月初三酉时(1926 年 11 月 7 日),生一子祖杨,三女:宝琴适横店楼,三琴适杜门传,四琴适楂林骆。"我父亲是三兄弟,一个姐姐,三个妹妹。太公、爷爷都是有文化的人,我印象中的爷爷是每天坐在小叔叔家的门口,手拿本书翻翻。从未看见他参加过田间劳动以及干过什么家务活。他是乡里的士绅阶层,会给人家看风水,给人取名字,等等。在村里,他是长者,村里有什么事,都会找他商量,家里有纠纷,也会请他去调解。爷爷的书法也不错,在我村去楂林的路上,在西岸村对面建一座凉亭,供过路人休息或田间劳动躲雨的,该亭被命名为众安亭,众安亭三字就是爷爷写的。爷爷给自己三个儿子的名、字、号分别取为:长子祖枬,字财宝,号盛堆;次子祖栋,字万宝,号盛积;小儿子祖杨,字为宝,号盛金。平日叫唤,不叫名,均叫字。村里人都叫我父亲为财宝,很多人不知道他的名和号。一直沿袭到我这一代。我名允通,字普森,号重阳,大家都叫我普森。我兄弟四人的名字为允达、允道、允通、允迫。不知是爷爷取的,还是父亲取的。我没有问过父亲,猜测也是爷爷取的。

父亲出生在殷实的农家。太公的爷爷官至尚书,在西坞村建造了18间的四屋大房。太公这一辈分家时,分得正屋四间、侧屋两间、田数十亩的田产和山林。爷爷为单传,产业全由他继承。家里雇有几名长工从事农田耕种和山林管理。祖孙三代共同生活。到了1930年,由爷爷主持,三个儿子分家,自立门户。分家时有水田20亩,山林多块。分家由爷爷堂兄金君龙、金君寿主持,爷爷的妹夫宣忠林、大女婿周华秀作证人,爷爷的侄儿金祖灿代书。他们五人在分家簿上签字画押。兹将分房簿抄录如下:

财宝房
堂屋左首第贰、叁两间
己田祠堂玖斗
蚕木坞田贰斗
同取拔长孙田叁斗
山蚕木坞壹化　上至横路　下至山脚
枣树坞租山壹化
何氏夫人前夏至会壹脚
八月圭第三蓬壹脚
二月十九灯会壹脚
炉塞茶会壹脚

万宝房
屋左首金字间壹间
金字外屋壹间

己田樟塘坞八斗

蚕木坞田叁斗

取拨上塘顶田四斗　做亲衣服

山蚕木坞横路上壹化

又贰斗田顶山壹化

何氏夫人后夏至会壹脚

八月十三头蓬第二脚壹脚

二月十九观音会壹脚

二月初二太祖明皇壹脚

樟杨房

屋堂屋左首第一间壹间

八石畈门首己田九斗

蚕木坞堂脚田贰斗

取拨青口山田八斗　亲银

山施家弄石二田顶山壹化

善坑、岭顶茶会壹脚

八月十三头蓬第一脚一脚

二月十八观音会壹脚

八月廿七桥会壹脚

草屋一间

外高畈茶叶地壹块

本村夏至会壹脚

取拨常产

绍荣

祀田水明圹下石四斗

蚕木坞岭脚阴侧山一化

其树木蓄养成林存常而柴薪三股轮砟

太常山田归于三股轮值

又箪箩基每股贰张

君尧

水家圷田九斗

兰家坞田四斗

金钗形墓前五斗

横塘顶上祖山茶叶三股平分

其西底书院独石常田三股轮种

其山内所有五株老松　归于万宝砍砟

　　分家后,报给义乌县公署,由义乌县公署于 1930 年 3 月颁发户折,为业户产权与承粮之证据。户折写明金祖枏业主,共田:叁亩壹分玖厘,山:壹亩五分,塘:玖厘叁毛。每年纳银贰钱肆分玖厘四毛,纳米壹分壹毛。爷爷的家产,作为长子分得五分之一都不到。

　　对家庭财产的分割,父亲颇为不满。在我上中学读书后,父亲几次对我讲,爷爷太偏心小儿子。除留起两亩田作小儿子的娶亲田外,主要是拔起公产太多。太公已于 1918 年逝世,1930 年分家时,还在太公名下留了三亩半田。而爷爷自己留起的田达四亩半,三兄弟分家,其实分割成五份,而小儿子与他自己分到了家产近一半。再加上他父亲的一份,占到了家产的 70%。

每年新谷登场后,父亲要向爷爷交口粮。父亲会向爷爷提出,今天日光充足,谷已晒干,并抓一把谷给爷爷。爷爷接过父亲手中的谷,搓几把,见很快脱壳,就叫父亲把从晒场上收起的稻谷担到厅堂里,而后用风车亲自筛一遍,留下粒粒饱满的黄灿灿的稻谷过秤。这些我是亲眼所见,只觉得爷爷对我父母亲太苛刻了。新中国成立以后,父亲曾对我说:你爷爷是比地主更地主。

父亲自立门户后,不到 10 年,家中又添了姐姐、我、妹妹、弟弟四口,生活过得十分艰难。长子允达 17 岁,到了可以帮他分担田间劳动的时候,突然患病去世。中年丧子,心中之痛使父亲老了许多。

父亲 18 岁成亲,娶本乡宦塘村的蒋大奶为妻。蒋家也是村中殷实之户,她有一个哥哥、二个弟弟和一个妹妹。生于光绪丙申年三月初十日子时(1896 年 4 月 22 日),与父亲结婚后,生下两个儿子,1 个女儿,即我的大哥允达、二哥允道和大姐允奶。因难产,于民国丙寅年八月廿五日酉时(1926 年 10 月 1 日)去世。父亲告诉过我,她是个小脚女人,十分贤惠,非常内向。父亲带着不满 10 岁的三个儿女,于 1929 年再娶苏溪镇谷前村的邢双英为妻,也就是我的生母。生母不是父亲娶来的,而是买来的。母亲的丈夫是个吸毒的鸦片鬼,卖田卖地抽鸦片,到了把家中可变卖的东西全部卖光之后,用卖老婆的钱来买鸦片。父亲经中间人花了 100 块银元,买了我的生母。母亲被丈夫卖了却毫不知情。1929 年某日被骗到姐姐家杜门村看戏。杜门村离我家仅三华里。我村的几位年轻力壮的男子汉到杜门戏台前,拉母亲出来,抱上被笼,抬到我家,告诉她原委。母亲受尽了前夫的折磨,既然被丈夫卖了,也认命了。母亲与父亲成亲后,面对三个未满 10 岁的儿女,当后妈的责任与滋味有多重、多难尝可想而知。

父母亲刻苦耐劳,把这个家支撑起来,含辛茹苦把子女养育成人。父亲除靠祖传的三亩多田和几分山林的种植外,还租二亩多水田进行耕作。母亲除带好几个儿女和干好家务活外,还做豆腐皮、养猪、纺纱织布来维持家计。父亲是个残疾人——跛脚。母亲告诉我,他们结婚时,你父亲走路时有点点拐,仔细看才看得出来,走路走得快一点,也能看出来。随着岁月的增长,两腿的粗细和两脚的大小越来越不一样,左腿的肌肉日益萎缩,左腿不但比右腿细,而且短了1—2公分,左脚比右脚小,到中老年以后,穿在左脚上的鞋要系上鞋带。父亲说他是小时候坐在他母亲的腿上吃奶时劈腿受伤所致。现在看来应是小儿麻痹症致残。患小儿麻痹症的人,其症状随着年龄的增长,会越来越明显的。

跛脚走路不方便,父亲在田里或地里劳动,中饭是家里人送到田头吃的。夏天,我放假在家,都是我送饭的。如果我与父亲一起在田间劳动,到吃中饭时,我回家拿来,而后在树荫下一起吃饭。家中挑担之类的事,大都落在我的肩上。读中学期间,一般每周六下午我要回家的,父亲就会早上出去铲地松土,铲好地等我回家挑大粪池里的肥料到地里去。有一次回家的路上碰到我村里的人,他说你爸爸在门口山地里已经铲好地,等你回去担料。我深知父亲等待我回家的心情,于是加快脚步往家跑,远远地看到父亲坐在地里等我回家。回到家,担肥料到山上,爸爸拿起料勺,开始浇肥。父亲多么辛苦,多么需要有人分担他肩上的担子。报恩之心,使我学习更加用功,每次回家都自觉地参加田间劳动,特别是挑担之类的事,劝父亲等我回家来做。

父亲的个性刚毅内向,是个外柔内刚的人,处事沉着冷静。而母亲的个性不同于父亲,刚烈外向,是个火爆型的性格,处事现开现销。父母亲由于个性的差异,会经常发生矛盾与口角。我小时候常常会看到父母亲对同一事物虽然看法一致,却因处理方法不一而发生争吵的事。有一件很小的事情至今记忆犹新。一次堂叔向我家借小箩筐用，归还后，母亲发现有两根竹篾断了，认为这件事要告诉他们，是他们借去用时弄断的，至于赔不赔是另外一回事。父亲说：既然赔与不赔是另外一件事，就不必去告诉他们了，待下次再来借用时，说上次借去用时弄断了两根竹篾，提醒他们用时小心一点就行了。母亲则不听父亲的，要拿起小箩筐到堂叔家说清这件事。母亲刚走出家门，父亲对我说，你母亲就是火暴脾气，沉不住气。人家不承认的话，又会发生争吵，受一肚子气回来。过一会，母亲手持箩筐回来对父亲说：他们说下次请篾匠来做时，拿去修好。父亲则说多花力气、多费口舌，空落落的。我则想，堂叔还是给母亲面子的，至于以后是否兑现，也无所谓了。这虽是件很小的事情，却显现了父母亲不同的个性及不同的处事方法。

父亲读过五年私塾，读的是《三字经》《百家姓》《千字文》《增广贤文》和四书。有的课本是爷爷手抄的，后来是父亲自己抄的。对课文中的名言警句，在与人交谈中，教育我时，会说上几句。如《论语》上的"学而时习之，不亦说乎""学而不厌，诲人不倦""小不忍，则乱大谋""与朋友交，言而有信""君子坦荡荡，小人长戚戚""温故而知新"，《孟子》中的"我善养吾浩然之气""乐以天下，忧以天下""天时不如地利，地利不如人和""天将降大任于是人也，必先苦其心志，劳其筋骨，饿其体肤，空乏其身，行拂乱其行为"，《大学》中的"德润身"，等等。"德润身"三字常挂在他口中，这是他修身养性的座右铭，也是教育子女修身的法则。这些名言、警句不但被父亲牢记，也使我终生不忘。在我童年时期，他经常给我讲"八仙过海""二十四孝"等故事，教育我们学本领和弘扬尊老爱幼的传统美德。

父亲虽然只读了五年书，但契据文书类的格式都懂，都会写，乡村中有人要立个契据或写个买卖契约，都会请他代笔，在村里算得上有文化的人。父亲能写一手摆得上台面的毛笔字。我与弟弟在外读书与工作，父亲都用毛笔给我们写信，有直写的也有横写的，但都不断句。至今我仍存着 1952 年至 1962 年间他写的几十封亲笔信。如果请人代他给我们写信，他也会在信尾写明："请某某代笔。"书信的字里行间充满着父亲对儿子的爱，千叮咛、万嘱咐，儿子在外要保重身体，只要你们学业进步，工作顺利，"爹妈在家可以安身"。书信中记录着 20 世纪 50 年代和 60 年代初中国农村政治、经济、文化教育体制的变革与发展。如从互助组、互助合作社到人民公社的建立与发展，以及农村兴修水利，都会在信中提及。农村自留地的归公与分配到农户的反反复复，副业生产（养猪、养兔、豆腐皮生产……）的限制与放宽等，也会在信中写上几句。某些年的秋收分配方案、年终分配方案也会在信中附上，并嘱我阅后寄回。半个多世纪里，我几次搬家，把父亲的书信视如珍宝，一直保存至今，每当思念他时，我就会拿出来看看。

父亲一生的辛劳全花在培育儿女身上，一生的希望也寄托在儿女身上。待我到上学年龄的时候，正是日本侵略者肆行我国乡间，儿童没地方上学的时候。父亲则一户一户的找我同龄的家长，动员他们一起办学校，让子女或孙子、孙女们上学。还亲自去请老师，在堂叔金祖塑的一间泥墙屋楼上办起了一所私塾。这样把我与我同龄的人送进私塾读书。老师姓何，名永圣，字哲人，是一位年近古稀的老人，据说参加过几次科举考试，虽未考上秀才，也是乡里最有文化的人。对老师不支付薪金，伙食由每个学生轮流负担，轮到哪家则送去米、木炭，饭由老师用铜罐在炭炉上烧，菜则每天烧好后由学生上学时带上。永圣先生每天上午是教学生识字。学生的课本是各自带来的，有的是《三字经》，有的是《百家姓》《千字文》。我的启蒙课本是父亲读过的《三字经》《论语》，每天老师教我一段。学生熟记后,能背诵出来时,把课本交给老师,背给教师听。背完课本后是写字。每天写一张楷书,行间用小楷抄写当天读过的课文。老师批阅是用红笔划圈圈。每天下午,除完成当天课文的背诵、书写外,还有几十分钟时间听老师讲故事。我至今印象最深的是永圣先生讲《水浒》。第二天开讲前,会指名学生讲一遍他昨天下午讲的故事。对学生讲的好与差的评判是拍手,他最满意的是拍手三下。我每天放学回家,会去割草喂牛,晚上把白天的作业送给父亲看。我写的字红圈圈多,曾获得过"满堂红"。老师认为每个字都写得好,都画上红圈。父亲看了很高兴,还说写字很重要,字写得好,犹如人穿上新衣服。肚子里有多少墨水人家一时不会知道,但字写得好不好,一出手就清楚。

抗战胜利前夕,父亲将我送到诸暨越善完全小学读书。由于在私塾读书,没有学过算术和自然等课程,插入初小四年级,经过半年的学习,我的算术达到了同年级进度,于 1945 年 9 月顺利进入高级小学的五年级。经过两年的住校读书,我于 1947 年获优秀成绩毕业。小学毕业前夕,父亲对我说,经济上负担不起你上中学的费用,若能考上不要交学费的学校,爸妈再苦再累也会供你上学的。经老师指点,只有乡村师范学校是免交学费的。诸暨简师只收诸暨籍的学生。毕业后,我只得报考义乌简师。我报考了义乌中学和义乌乡村师范学校。那时各校是自主招生的,头一天参加义乌中学的招生考试,第二天参加义乌简师的招生考试。这是我第一次远离父母,也是第一次进县城。考试结束,当天下午赶回家参加劳动。父亲问考得如何,我说考得还可以。我与父亲在共同劳动中等待学校的录取通知。大约过了半个月,收到义乌中学的录取通知书。父亲看了录取通知书当然高兴,但一句话不说。我们共同在等待下一个录取通知书。等了几天,还没收到新的录取通知书。父亲见我焦虑不安的样子,对我说:与你妈商量了,义乌简师估计是考不上了。为了实现你上中学读书的梦想,爸妈供你一个学期的费用,也算你读过中学。我知道父母供我进中学门,即使一学期,也是一笔不小的开支。正在他们为供我上中学读书左右为难的时刻,我收到了义乌简师的录取通知书,通知书上写明正式录取①,学费全免。父母亲知我又被录取了,母亲异常兴奋,逢人就说,我儿子考上师范了。父亲心里当然也高兴,但平静如水,对我淡淡地说:读得起书的考不上,读不起书的,两所学校都中了。我理解父亲的心情,考上师范,我不但不能与他共同劳动、维持家计,还要供我三年的杂费和生活费,也是沉重的负担。父亲是说话算数的,供我上学一定会兑现,但他肩上的担子更重。他在盘算我上师范读书的第一笔费用。在离开学不到一个月的时间里,我起早摸黑地劳动,来慰藉父亲心中的辛酸。

父亲东借西凑,筹足了经费,亲自送我上学校。在50华里的步行中,我挑着上学的行李,父亲一跛一拐地陪我同行。父子的谈话涉及他的婚姻、他的姐姐与弟弟。他还说他父亲给他取名祖枬,字财宝,号盛堆。祖枬是金家排名祖字辈而取的。字、号连起来是财宝盛堆。你大叔与小叔的名为祖栋、祖杨,字号连起来是万宝盛积、为宝盛金,望子女拥有万贯家财。我不但没有万贯家财,连糊口生计也难以维持。我希望我的下一代不是以财为宝,而是唯才是宝。父母送你上学,是望子成才。此后,我家的家具、农具以及扁担上写的是祖枬,或才宝,不再用财宝两字。给我与弟弟写信签具:父字、父祖枬、父才宝。中学三年,我以优异成绩完成学业。但家里已是债务成堆。毕业前夕,班主任动员我报考金华师范,并说

---

① 各校自主招生,录取中分正取生与备取生。正取生不报到,从备取生中依次递补,取满为止。

以你的成绩一定能考上的。我则选择了工作。义乌中学简师部毕业后，我当了一年小学老师，还清了我读三年中学所欠下的债务。我向父母亲提出，还想上学读书。新中国成立了，可以申请助学金。父母还是同意我再去读书。此时小姐姐已经出嫁，弟弟已上小学，家中还有父母和妹妹，土改中又分到了田地，经济上比新中国成立前要好多了。1951年我入浙江省湘湖师范读书。湘师出来后，我又工作了几年，工资收入用于补贴家用和供弟弟上中学。我一直做着上大学的梦。在街上、火车上看到佩戴白底红字的"某某大学"校徽的同龄人，看得发呆，心想哪一天我也能佩戴上大学校徽。

1956年春节，我与湘师读书时的同班同学楼幼娣结婚。此时她在诸暨师范任教，支持我报考大学。父亲对新媳妇的印象甚佳。他说媳妇聪明贤惠，言行得体，她的音貌动静都最合他的心意。当我告诉父亲，幼娣支持我去报考大学，弟弟上学的学费她会负担的。父亲说，幼娣负担太重了，她要负担她弟弟上中学的费用，现在你弟弟的费用还要她负担，对不住她。如果你真能考上大学，我望子成才的心愿也可实现了。

经过两个月的复习，我参加了普通高校的招生考试，于1956年8月跨入浙江师范学院（杭州大学前身）的大学校门。大学毕业后留校任教。其间又进中国人民大学进修，之后一直从事高等教育事业，从助教升至教授、博士生导师，终身享受国务院政府特殊津贴。弟弟从义乌中学毕业后，考入诸暨中学读高中，不久我夫人调到诸暨中学任教。在她的照顾下，弟弟完成高中学业，于1958年考入浙江大学，而后一直从事核试验，成为高级工程师和大学的党委书记。兄弟俩在我夫人的支持下，都成为高级知识分子，亦可以告慰父母亲的在天之灵了。

　　父亲积劳成疾，从 1958 年起经常心绞痛，1959 年我曾接父亲来杭诊治。浙一医院检查后，诊断结论是心脏动脉粥样硬化，配了些药服用。回家后，父亲已经不能参加繁重的农业劳动。生产队分配给父亲的任务是饲养一头黄牛，并看管施家弄一畈水稻田的田水。父亲十分尽责，把牛养得壮壮的，把田水管得非常到位。生产队里评比时，次次获奖。有一次还给父亲和他饲养的牛戴上了大红花。从 1962 年起，父亲病魔缠身，病情日益严重，心绞痛频频发作。从 1963 年下半年起卧病在床，母亲和妹妹悉心照料，大姐夫在夜间陪伴与护理，但是他身上的痛处无人能分担得了。我尽量多回家看望，看到父亲被病魔折磨得骨瘦如柴，疼痛地在床上尖叫，心里十分难受，深恨为儿无药解父痛，泪如泉涌苦难言。父亲服了杜冷丁，忍痛劝我回学校！即使此时，他心里想的还是子女的未来。1964 年清明日父亲与世长辞。

　　父亲的一生是光荣伟大的，他给了我生命，养我长大成人。教我做人、做事、做学问。他一生的物质生活是清贫的，但他的精神生活是富有的。他一生最大的财富是养育了我们兄弟姐妹，使我们这代生活得美满幸福。父亲心中只望儿女成人成才、生活日美，但却未能与子女共享快乐。

　　人生的甘甜有十分，父亲只享到了三分；人生的苦难有三分，父亲却尝到了十分。我与弟弟大学毕业步上工作岗位，本是父亲可享受清福的时候，却离我们而去。深恩未报，隐憾难消，使我伤心难禁千行泪，哀痛不觉九回肠。

　　音容宛在勤劳一生传佳话，神魂离去芳名万世著清风。亲爱的父亲，安息吧！人如有来生，下世我仍做你的儿子。

2009 年端午节

我的母亲

  母亲驾鹤仙游，整整二十五年了。但她音容宛在，笑貌长存，时常在我耳边响起，在眼前出现。常有深恩似海悔未报，泪如泉涌苦难言的痛楚。母亲节，独坐阳台，母亲的苦难人生一幕幕在脑海里盘旋。

  母亲出生于义乌市苏溪镇谷前村的一户农民家庭，姓邢，名双英。据《崇儒金氏宗谱》载："谷前邢氏，生于光绪丁酉正月初六亥时。"即公元 1897 年 2 月 7 日的深夜。她身材高挑，长得很漂亮，但是个小脚女人。她曾亲口告诉我，为了这双小脚，吃足了苦头。她 7 岁时，外婆就给她缠脚。长长的布带把双脚绑得严严实实，使她感到火辣辣的酸痛，痛得她放声大哭。她哥哥看她痛得难忍，到了深夜，偷偷地将绑带解开。第二天被她母亲发现，不但遭到训斥，还得照样绑回去。旧社会把一双健全的双脚，硬是弄成骨折，变成脚背高、脚跟大、脚尖小的三寸金莲。

  母亲的前半生，是我上中学的那年，父亲才原原本本地告诉我的。1947 年我考上了义乌简易师范。义乌简师办在离稠城不远的大塘下的朱家祠堂里，离家 50 华里。我肩挑行李，在父亲陪同下步行去学校。路上我问爸爸：田永伯伯在我上小学时的路上摸摸我的头说：真快，抢你母亲的事，犹如昨日，现在儿子都上学了。[①] 而后，好几次听人说，我妈妈是抢来的。父亲边走边告诉我

---

  ① 田永伯伯，姓楼，名田永，本乡横店人，曾是我家的长工。

母亲的前半生。

你母亲年轻时出嫁在苏溪镇的董村的一户殷实人家。她丈夫是吸鸦片的,你母亲嫁到他家后,他恶习未改。你母亲起早摸黑,喂猪、养鸡,小脚女人还到地里干农活,全家的收入供不起她丈夫吸毒。卖田、卖地,供他买鸦片抽。田地卖光,家里可变钱的东西统统卖光,生下的女儿,养不起,送人做了童养媳。鸦片照抽,盘算起卖老婆吸鸦片。而此时,我的妻子因难产去世,时在民国十五年(1926),遗下两男一女,也就是你的大哥允达(9岁)、二哥允道(4岁)和大姐允奶(6岁)。一个男人带三个孩子,当爹又当妈,实在不行,只好将大姐给本村的陈氏当了童养媳。我带着你的两个哥哥,艰难地过了两年,经人说合,有人要卖妻。于是花了100块银圆买了你妈。你妈妈的姐姐出嫁本乡离我家三华里的杜门村。这件事她姐姐是知道的,姐姐看妹妹可怜,也主张妹妹另外找户人家过。而你妈妈是毫不知情的。就在1929年的一天,杜门村演戏,姐姐邀请妹妹到她家看戏。我村的几个年轻人,到杜门村戏台下,拉走你母亲,抱上被笼,抬到西坞村。你母亲被抢到家里后,只是哭,并无强烈的反抗,我们就这样成了亲。第二年就有了你姐姐允妹。

我又问,妈原先丈夫后来怎样?据说是卖妻的钱抽鸦片花完了,再也没钱买鸦片抽了,不到一年就去世了。

从爸爸的口中我知道了妈妈这段婚姻的不幸,又庆幸妈妈跳出了火坑,嫁给了心地善良的爸爸。年长后,我读鲁迅写的《祝福》,母亲就像鲁迅笔下的祥林嫂。但母亲的后半生不像祥林嫂那样悲惨,她不仅有与她相依为命的丈夫,还有一群聪明、懂事、健康向上的儿女。

母亲与我父亲共同生活了36个春秋,养育了我们姐弟四人,还有与我同父异母的两个哥哥。大哥允达,在 17 岁时患病去世。同母异父的姐姐圆妹,给人做了童养媳,由于家贫,也常与我们同住,直至 18 岁那年与比她小两岁的丈夫成亲,才离去。全家 8 口的衣食和我们兄弟的学费等,还有负担爷爷的三分一的口粮和零用,全靠父母的辛勤劳作,含辛茹苦地把我们养育成人。这 36 个春秋,日子过得十分艰辛。父亲田间劳动,母亲操持家务。养猪、喂鸡,还纺纱织布,做豆腐皮。做豆腐皮是十分辛苦的,每天做十斤黄豆的豆腐皮。十斤黄豆去皮、浸泡,半夜起来磨豆腐,一直到晚上才完工,豆腐皮晾干后,挑到市场上去卖,再买回黄豆,赚点钱以维持家计。做豆腐皮最大的收获还在于豆腐渣既可以人食,也可以喂猪。做豆腐皮是我们家的主要副业,是家里添衣、买油、盐、酱、醋,及读书交学费等的主要经济来源之一。

在这 36 个春秋中,母亲患了两场大病。第一次是抗日战争期间,母亲的股骨上长了肿瘤。母亲受病魔折腾所受的痛苦,由于年幼,并不清楚,只听爸爸说是卖了一头大水牛,才治好的。第二次是抗日战争胜利后,母亲患了牙龈肿瘤,烂了几年,直至去掉牙床骨,才渐渐收口。开头是肿痛,而后是流脓。记得我几次到楂林镇的婆姆村去请医生及买药。看见母亲被病魔折磨的痛苦,为儿不能分担母亲的痛,也无救治母痛的技能,伤心难禁千行泪,曾暗暗地想去学医采药,来救治母亲的疾病。在中西医综合治疗下,依靠自身的体能,直到 1948 年底,才恢复了健康。两次病魔的侵袭,使本来贫寒的家庭雪上加霜,债台高筑,有的债务还是我工作后去偿还的。

两位姐姐出嫁了。由于继母与前妻儿子关系的难处,哥哥过继给堂叔祖培为子,家里留下我弟弟、妹妹与我,我上中学,弟弟上小学,家庭的开支更大了。而父亲幼年受伤的大腿的后遗症越发严重,受过伤的一条腿萎缩了,走路一拐一拐的。母亲病愈后的担子更重了,又是喂猪,又是做豆腐皮,来支撑这个家庭。对哥哥过继给堂叔为子,父亲抱怨母亲。父亲在送我上中学的路上曾告诉我说,你母亲脾气太暴,如果你妈妈与你哥关系处理得好一点,我也不会下决心让你哥出嗣。父亲还说,如果你哥在家劳动,我与你妈也不会像现在这样辛苦,家里经济状况也许会好一点,你也可更安心去读书。已经懂事的我,心想这也不能全怪母亲,失去亲生母亲的哥哥,也是有心理障碍的。其实母亲与父亲成亲时,哥哥才五六岁,是母亲亲手把他养大的。我同情母亲,也理解父亲的处境,谅解哥哥的心境。哥哥自立门户,养了 5 个儿子,2 个女儿,成为一个多子女的父亲后,与我妈妈的关系也好多了。

20 世纪 50 年代末,父亲的身体衰弱得很快,到了 60 年代初病魔缠身。此时弟弟在浙江大学读书,我则大学毕业并留校任教,我接父亲来杭州医治。经检查是患心脏动脉粥样硬化和高血压,只能取保守疗法,控制病情的恶化。父亲被病魔折腾得好苦,心绞痛十分厉害,开始吃止痛片,后来靠打杜冷丁。在父亲患病的几年,母亲的艰辛是可想而知的。

1964 年清明日傍晚,父亲与世长辞。母亲是长寿的,于 1984 年 3 月 18 日逝世,享年 88 岁。这 20 年,母亲虽然不要为衣食发愁,但生活十分孤独。

父亲去世后,母亲带着我的女儿与我妹妹的女儿一起生活。母亲早起烧早饭,中饭自己一个人吃,做好晚饭与两个上学的孙女放学回家一起吃。当我女儿小学毕业后被接到我们身边上中学后,母亲则经常孤身一人生活。妹妹的女儿上高中,住到学校里去了。而后上职校学医,学成后回村任农村医生,直到她出嫁。每年春假、寒假期间,我与夫人、女儿都回老家与母亲共同生活。我夫人与我父母关系融洽,感情笃深。假日里,都由她料理家事。特别春节期间,家里客人很多,都是由母亲烧火,夫人上厨炒菜、烧饭。我们夫妻分居,我在杭州任教,她在诸暨执教。星期六,她都买点带鱼之类的蔬菜步行十余里,回去陪伴母亲过周末。1976 年,我夫人调到杭州工作后,则只能寒暑假回去了。我们曾接母亲到杭州来住过几次。她看我们工作很忙,不但帮不上什么,还要我们侍候她,每次住不了几天就要回老家去。我则设法多回去看看。每当我回到她身边,她看着我,第一句问话就是:你能住几天?听到母亲的问话,我不禁泪水在眼眶里打转,母亲又在担心我离开她。我在家住的几天,母亲下厨,为我烧这烧那。她最了解儿子喜欢吃什么。天热时,她汗流浃背,看了不但心不安也感到心痛。当我离家时,她站在我村的大樟树下,一直目送我转弯去善坑岭看不见为止。我也不忍离开母亲,有时回头走,看见母亲还站在樟树下。

惠兰嫁后,母亲由惠兰接到她们家一起生活了四年。在最后的四年中,我常常梦见母亲,有时一早起床就赶往火车站乘车去看望母亲。

母亲不识字,每当收到我们寄去钱或者有事告诉我们,都要托人代写书信。人家答应什么时候到家来写信,她都会烧好点心来答谢人家的帮忙。母亲也有几次开玩笑似的讲,你们兄弟俩都是读书人,名气很大,人家说我福气大,其实是好了名声,苦了终身。我也开玩笑地说,你的儿子、媳妇不能在你身边伺候你,虽享受不了福气,也不用受气。农村里,婆媳不和、子女不孝的人家不少。是名气、福气还是受气?母亲听了,又笑出了声。

母亲的一生概括地说是八个字,即磨难、悲惨、贫寒、孤单。母亲的一生也是 20 世纪中国农村妇女经历的一个缩影。

母亲为人敦厚、纯朴、善良,她一生的最大奉献是养育了我们兄弟姐妹。她不仅给了我们生命,还谆谆教导我们如何做人、做事,待人接物,等等。她常说,这辈子不求自己享福,只求她的儿女不再像她这样遭罪,子女的成才,是她的企盼,是她的骄傲。培养教育我们成才,是父母的共同心愿。父母的教导至今仍深印在我脑海里。母亲自己没能上学读书,凭她的生活磨炼与积累,一些富于哲理的至理名言,也是我们兄弟姐妹的宝贵财富。

薄技在身,糊口不难。这是父母的人生积累,也是他们养育子女的共识。爸妈常常对我讲:"做不到给你们吃好的、穿好的,但要你读书识字,学点本领,将来不要像我们这样受苦受累。古话说'薄技在身,糊口不难',你们要读书,做个有文化的人。"在战乱的年月,父亲串联了村里同龄人的父母,请教师在村里办起了私塾,送我们上学。抗战胜利前夕,送我到正规学堂——诸暨市越善完全小学读书,学校离家7华里,要住校。家贫,置不起被褥,先是同表兄同铺,表兄年长,先毕业了,又同姑夫的堂侄合铺。饭是自己带米到学校里蒸的,菜则自带,一星期回家拿一次,带的是霉干菜或萝卜丝。寒门弟子商量着小学毕业后报考诸暨乡村简易师范,老师告知该校只招收诸暨籍贯的考生。当年,多数同学约定去报考同文中学,我自知爸妈是无力供我上同文中学读书的。无奈,我只得回义乌报考中学。我带上毛笔、墨和砚,去义乌稠城,在义乌北门街堂叔金祖兰家住下,报考了义乌中学和义乌县乡村简易师范(简称义乌简师)。那时各校是自己命题单独招生的,我第一天考了义乌中学,第二天考了义乌简师。考完的当天下午与同伴步行50华里回到了家里。这一次报考中学的历程,也是我这一生中走得离家最远的一次,也是第一次跨进县城。回到家,爸妈问我考得怎样。我说都答上了,作文写得也还可以。父母脸上露出了笑容。父母脸上的笑容,是我对父母的报答。我自知父母供我读书不易,只有以优异成绩来回报父母。母亲在脸露笑容的同时说:义乌中学即使考上,也供不起学费。过了十几天,收到了县立义乌中学的录取通知书,但迟迟没有收到义乌简师的录取通知书。见我整天愁眉苦脸的样子,父母对我说:"你考上了义乌中学使我们脸上有光彩,不要担心,我们东借西凑也要送你上中学,最少一个学期,最多一学年。"我说考上义乌简师呢?爸妈异口同声地说:"考上简师谈何容易,50取1呀!若能考上,再苦再累,也要供你读到毕业。师范毕业,当个教师,不但改变了你的命运,也会改变爸妈的后半辈子。"正在全家发愁的时候,收到了义乌简师的录取通知书。父亲坐在椅子上发呆,要把诺言兑现,谈何容易。简师虽不收学费,但三年的生活费、学籍管理费、书籍费……也是一笔巨额的开支。父亲自言自语:读不起书的,偏偏都考上了,而供得起上学的,一个也没考上。

一、二年级在大塘下朱家祠堂里读书,自知父母供我上学的艰辛,我以什么回报父母?唯有用功读书,以优异的成绩来告慰父母。二下年级时,义乌解放,义乌简师停办,未毕业的学生转到义乌中学就读。最后的一年没有多少时间读书,像我这样家境贫寒的学生,参加学校组织的勤工俭学活动,到义亭镇参加修建义亭火车站的劳动。挑1平方的土,获一斤大米的报酬。晴天劳动,雨天在鲍村住地学习。就这样,算读完了中学,最终还是义乌中学毕业。毕业后,当了一年小学教师,还清了读中学期间欠下的债务。1951年,我上湘湖师范读书。湘师读书期间的费用,全是学校供给的。此后,父母的劳作是供弟弟上学。在父母与我妻子的支持下,兄弟俩都大学毕业,成为祖国建设的有用之才。

受恩不忘,施恩不记,是母亲对我的再三叮咛。读中学时,父亲曾向叔叔借钱。叔叔的回答是:我是有钱想买田,没钱读什么书。这话使父母很伤心，但这话却激励我奋发读书，生出努力向上的志气。荷叶塘角的堂叔金祖春曾为我读书帮过忙。他是做豆腐皮生意的，在家乡收购豆腐皮，运到上海去卖。8月学校开学时要一笔费用，而黄豆刚开花，要到10月才收割。堂叔把钱预付给我们，待黄豆收起，母亲做成豆腐皮卖给他。连续两年都是这样的，这对我家是帮了大忙。母亲经常讲起春叔，并说："春叔是你读书的恩人，不能忘记他。"新中国成立后，春叔去青海工作，后来又听说在安徽工作，但一直未能联系上。直到20世纪80年代，他的外甥合肥工大毕业来杭州找工作时找到了我，才知他外公退休后住在金华女儿家，前些年已经病逝。他生前，我未能去谢恩，记这件事，也是寄托我对他的思念。

母亲在世时还叮咛我不要忘记楼洪福书记。"文革"期间楼洪福任东塘公社党委书记，他了解到我在杭州大学任教，我弟弟在部队从事核试验，我母亲单独在老家且身患高血压。他趁到我大队工作或开会，常常去看望我母亲，每次去会带上荔枝罐头、菠萝罐头或治高血压的药品。对此，母亲是感激不尽的，多次讲楼书记是好人，你们不要忘记他。在她晚年，有很多人托她同我讲讲，诸如读书、就医或借钱等事帮帮忙，母亲都一一允诺。母亲讲，人家求我儿子办事，是她的光荣，帮人不应图报。她说，世上没有不求人的人，也没有都求人的人。世上人间，人帮人都是相互的。

人应有一颗赤诚报国之心，也应有一颗真诚的怜悯之心。20世纪60年代起，我是大学教师，媳妇是中学教师，弟弟是部队军官，母亲手头上宽裕了一些。每当我们寄钱给她时，乡邻知道了，有人向她借钱，对救急的一般都会在力所能及的情况下借给他们。至于家里穷的，母亲常讲救急不救穷。但村子里有户人家过年过不去，母亲会主动同她讲，来拿块条肉，秤几斤米去，除夕晚上全家吃顿团圆饭。

对工作好、学习好、生活好的不要气不过，要为他们高兴；对工作得不好的、学习成绩差的、生活穷困的，不要看不起，要怀一颗同情心。一个人一生中总有顺的时候，也有倒霉的时候。世事难测，母亲总是以一颗善良、恬淡的心去应对。

母亲处事大度是有口皆碑的。我家除外公外，有7个舅舅、2个姨妈、4个姑妈、3个姐姐、1个妹妹。妻子与我回老家，一时弄不明白，只说你怎么有这么多的舅舅、舅妈、姑姑、姑夫。结婚几年后，才逐渐分清楚。我父亲前妻的娘家在本乡宦塘村，外婆早逝，有外公和3个舅舅、1个姨妈。母亲的娘家在苏溪镇的谷前村，外公、外婆在我出生前已病逝，有4个舅舅、1个大姨。父亲除同胞姐姐和弟弟外，还有同父异母的3个妹妹和1个弟弟，我还有3个姐姐和1个妹妹。至于爷爷门下的表亲就更多了。对这么多亲戚家的婚丧喜事以及生日、寿辰都要礼待，这是不易处理的棘手事。古话说：人情重于债，食锅拿去卖。母亲不但一一应对，而且处理得很得体。特别对宦塘村外公的照顾，胜过亲生女儿。外公年老不便行走以后，平日里母亲常遣我与弟弟去看望，有什么吃的总想到外公。有时家里烧了鱼，母亲盛一碗，要我步行10华里送给外公吃。这样的事我弟弟也被差过多次。宦塘的二舅舅、小舅舅，来的次数较多，一声声的姐，听起来特别亲切。

母亲处事大度，也很大气。家里有什么好吃的，会分给左邻右舍品尝。家境清贫也没什么好东西。谷前舅舅家，田塍里种石榴树与梨子树，每年都会送给我家一些。舅舅送来的石榴与山花梨，她会给每家送几个去。晚年，我们回去看望她，都会买些糖果、糕点，她也会分给大家吃。劝她自己留着吃，她会说：有东西要大家尝尝，自己吃吃落粪缸，大家吃吃扬四方。由于母亲的大气，左邻右舍有什么东西也会送给她。送来的东西，不管自己喜欢与否，好吃不好吃，她总是说我喜欢、好吃等。母亲说人家送东西来，是人家的一片心，不管喜欢与否，都要说喜欢。这也是一种礼貌，当即的一种回报。

母亲走了多年，然而母亲的教诲始终常在。母亲的优秀品格及爱心，已经一代一代地传承下去，生生不息。母亲是我人生的第一位导师，也是我一辈子的导师。

苦涩与甘甜

——忆妹妹金允球

2015年3月10日上午,我正坐在书桌前看书。接到辉勇电话:"舅舅,我是勇呀,我妈死了!"这突然噩耗,令我难以相信。我说:"20多天前我去看她时不是好好的吗?"勇说:"头天晚上还是好的,也无身体不适症状,今天早晨到房间看她,已经死在床上。"是猝死。眼眶湿润,悲痛不已。静坐半个多钟点,心绪稍加控制,到卧室告诉妻子哑妹去世的事,她同我一样感到惊讶、悲伤。

妹妹金允球,比我小三岁,从小失聪,是个聋哑人。天打雷,有人在她身后大声喊她,她都没有反应。生不逢时,那时医疗水平以及家境状况无法治愈她的耳聋,也没有条件送她去聋哑学校读书,造成她一生内心的喜乐无法用语言表达,有事无法与人商量,人们讲什么她听不到,悲哉痛焉!

妹妹的第一次婚姻,伤得她很深很痛。到了谈婚论嫁的年龄,如何解决哑妹的婚姻问题,是件大事,也是件头痛烦心之事。当年我上大学,弟弟在中学读书,家里只有爸妈和哑妹三人,爸爸患小儿麻痹症,年轻时走路有点颠脚,随着岁月流逝,左下肢萎缩严重,到了40岁以后脚跷日益明显,一年比一年跷得厉害。爸爸干不了田间重活,妈妈是小脚女人,家里的田间劳动全仗哑妹。爸妈心里清楚,我们兄弟将来肯定在外工作,能找个上门女婿最理想,一可以在父母照顾下生活,二可以解决家中没有男劳动力的问题。我们兄弟则表示,上门的人,对妹妹好,孝敬我爸妈是前提条件,只要能做到这一条,我们一是视为兄弟,二是家产全部归妹妹继承,三是爸妈的生活费由我们兄弟负担。

此事在家乡亲友中传出后,上门来介绍提亲的人不少。最后由爸妈选中,得到妹妹同意,选中了苏溪镇八里桥头何姓青年。姓何的家里穷娶不起老婆,就成为上门女婿,与哑妹成亲。当年在我家,我们兄弟寒暑假返乡,的确视他为兄弟和金家的一员。吃饭时,我见他盛碗饭,夹点菜,到门口去吃。他有自卑心理,我总是叫他坐下来同我们一起吃,有好菜我夹给他吃。我同妹夫接触不多,对他原来的家庭以及为人并不了解。我们兄弟、我妻子在外,家里就是爸妈、哑妹与她丈夫。哑妹怀孕后,姓何的在邻居某些人的挑唆下,在村里同几个女人搞不正当男女关系,还与一位有夫之妇生下个男孩,其容貌与姓何的一模一样。爸爸则忍,只同我讲,XX生的儿子,对不起丈夫的。我母亲见此,难以容忍,个性急,就骂姓何的。这样的日子过了一年多,妹妹做产后不久,姓何的就抛妻弃女离开我家。这一段糟糕的婚姻对妹妹的打击是深的、痛的。

姓何的出走后,妹妹养女儿,照顾日益衰老的爸爸妈妈,田间劳动,上山砍柴……全落在她一人肩上。适逢"大跃进"、大办人民公社年代,妹妹一年的劳动到年终分红时还是缺粮户。这期间家庭经济负担全落在我妻子身上。她一个人的工资,要供我弟弟与她弟弟的上学费用,要补贴我父母、哑妹母女的生活费。爸爸常对我说:幼娣负担太重了,感到心有不安。的确如此,每周18节数学课,备课、上课、改作业,体重降到不足80斤,怀孕了又小产,忙着、累着、熬着过日子。1960年我大学毕业,留校任教,弟弟在浙大读书,应国防建设需要,应征入伍,家庭经济状况有所好转,但又遇全国大饥荒,家里生活还是十分艰苦的。

我们夫妻分居,调到一起后遇到种种困难,1961年出生的女儿被寄养在亲友家，1964年我爸逝世后我们又把女儿送到老家。这样家里四个人，一老二小，哑妹担起了全家的重担。虽然家里穿的、用的，我妻会操心，但自留地的种植，挑水、砍柴，还有田间劳动，全落在妹妹一人肩上。不久又是"文革"，农村也是乱。妹妹不但被人歧视，还被人欺侮。

大学停止招生，我经常上山下乡，在四明山开门办学，在安吉上"五七"干校，很少回老家。吾妻下放到汤江乡的戴帽小学（即小学中办初中）教初中数学。后在安华镇办起安华高中，她被调到安华高中教书。安华离我老家7公里，周末她都回老家去照养老人和孩子，为妹妹分担一些家务事。在妹妹被人欺侮后，我与妈妈、姐姐等商量，哑妹还是要找个能托付终身的人，让妹妹嫁人。吾妻也表示哑妹出嫁后，惠兰由我们负责抚养成人，直到她成家立业。哑妹要出嫁的消息传出后，就有人来介绍。最后选定岩界村的楼樟荣，樟荣有两个弟弟，他与大弟都过而立之年，尚未成亲，小弟应征入伍，家里还有个老母亲，这门亲事就这样定下了。20世纪60年代末哑妹出嫁，家里的床、谷仓以及全部农具都作嫁妆。

哑妹成家后，丈夫待她很好，婆婆与丈夫的两个弟弟待她也不错。妹妹能治家，田间农活样样能干。夫妻俩勤俭劳动，节俭治家，生活水平虽低，日子还过得去。婚后的几十年养育了两个女儿、一个儿子，还翻建了旧房。两个女儿出嫁，儿子也成家。阿婆逝世后，两夫妻在家过着农耕生活，还算安逸。

2010年，她丈夫突发脑溢血去世。儿子媳妇外出打工谋生，一个人在家种自留地，喂鸡、鸭，过日子。子女媳妇孝顺，但一个人孤苦伶仃。几个女儿接她去住，住不了两天就要回去，她要守住她的家。我每年都去看望她两次，她知道我喜欢吃南瓜子，吃南瓜把子留起来。今年春节前我去看她，就把平日留着的两斤多南瓜子给我带回杭州。妹妹的为人、做事,受到左邻右舍的好评。她很聪明,针线活也做得好。她虽不会讲话,但知道我们兄弟姐妹以及我们子女的年龄和生日。对此,我始终不解,她是怎么记住的。

妹妹的一生是勤劳的一生,也是不寻常的一生,她的苦和痛,只有她知道,我理解,但是我无法用语言安慰她。最终,没有床头债,没有受重大病魔折腾,没有拖累子女,这是她的福分,对子女的照顾。

她突然离世,我心酸、悲痛,特撰挽联,悼念妹妹:

世上三分苦涩你受十分,悲哉,人间十分甘甜你尝三分,痛焉。

妹妹啊,哥的话你听不见,你有话不能对哥讲,但是兄妹的心灵相通,心知肚明,心领神会。妹妹出殡入土的时候,老天突然下起大雨,这是天公落泪,为你送行。

言有尽而情无穷,愿你在天国里与爸妈、姐姐和疼你的丈夫相会,告诉他们,来世我们还是一家人。

2015 年 3 月 15 日写,清明节修订

父亲的名、字、号

　　我父亲兄弟三人，父亲是长子，名祖枏，字财宝，号盛堆；二叔名盛堆，字万宝，号盛积；小叔名祖杨，号盛金。这是爷爷给他们取的，反映了父亲对儿子的期盼。祖枏是崇儒全代尚书第下的祖字辈，字号连起来是财宝盛堆。但是命运并非期望中的那样，我们家虽不是穷困潦倒，却也度日艰辛，靠父亲种田以及母亲做豆腐皮、养猪过日子。有两件事是我亲身经历的，足见我家的经济拮据和生活艰辛。

　　一是置办不起一床棉被给我上小学。1944年冬天，父亲准备送我到诸暨越善小学读书，但又为住校却添置不起被褥而发愁。大姑母的儿子也在越善小学读书，父亲专程去大姑母家，同大姑母、大姑父商量，提出让我与表兄拼铺住校读书。大姑母连声说："好的，好的。"但大姑夫问："普森是否生疥疮?"疥疮是一种传染性的皮肤病，不知什么原因，抗日战争后期和解放战争时期，义乌、诸暨、东阳一带的乡村里，几乎90％以上的青少年均患疥疮，我家的兄弟姐妹也不例外。未等父亲回话，大姑母就生气了，难道生疥疮你就不同意吗？姐姐是帮弟弟的。于是我上越善小学就同表兄周尚友同睡一个被窝。半年后表兄小学毕业考进杭州之江大学附中读书，父亲又同横店的远房亲戚商量，让我与他的儿子楼福伦拼铺。这样我与福伦拼铺两年，坚持到小学毕业。在我读小学的两年里，父亲开始种棉花，于是我考取义务乡村简易师范上学时就有了一床自己的棉被。棉花是父亲种的棉花弹成的，被面与被里的布是借钱买的。

二是"杀青苗"。在抗日战争后期,每年都因口粮青黄不接而借高利贷。田里的水稻正在扬花抽穗,而家里已无粮食下锅,只得到善坑村的一户地主家借稻谷。有一年父亲借了 50 公斤稻谷,过了一个月新谷登场,归还所借稻谷,50 公斤要还 75 公斤。长大后,才知道这叫"杀青苗"。

父亲知道我与弟弟聪明好学,立下宏愿,一定要将两个儿子培养成才。父亲曾说:我父亲给我取名祖枋,字财宝,号盛堆,希望为人像枋木一样坚硬,为有用之才。至于财宝盛堆只是我父亲的奢望,万万不可能的。常言道,家传万贯家财,不如让其学得薄技在身。我的一生不望财宝盛堆,而是惟才是宝,期望你们兄弟"幼而学,壮而行;上敬君,下泽民;扬名声,显父母"。从此,父亲把自己的字"财宝"改写为"才宝",劝诫我们只有勤奋努力,学得科学与知识,才能成为国家的有用之才。在我与弟弟上大学后,父亲给我和弟弟写信,落款除"父亲"之外,具名均为"父才宝"。"财"改为"才",反映了父亲人生价值观念的改变。

作为儿子,理解父亲的愿望,牢记父亲的教诲,年轻时用功读书,成年后脚踏实地地做人、做事、做学问,为国家振兴尽心尽力。

父母的遗产

在历史的长河中
你们曾留下瞬间的烁明。
史书上不记载你们的姓名，
但却永远留在我们心中。
对我们来说：
父亲是天
母亲是地
你们给了我们生命

教育我们做人、做事、做学问。
你们的生命之舟，
经历了大清、民国，
有幸在新中国过上了幸福的晚年。
你们虽是一名普通的农民、农妇，
却有一个智慧的头脑，
一双深邃的眼睛。
立下宏愿，一定要让子女读书，
含辛茹苦。
把两个儿子培养大学毕业，
在村庄里有了第一位教授、博士生导师，第一位高级工程师、
大学党委书记。

你们曾说过：
你们父母给你命名为祖枬，字财宝，号盛堆。
像枬木一样坚硬，期盼财宝盛堆。
父亲也说过：
人遗子，金满赢。
我教子，惟一经。
不是财宝成堆，而是惟才是宝

站在墓前的都是你们的子孙，
秉承了你们的基因，
幼而学，壮而行。
上敬君，下泽民。
扬名声，显父母。
光耀先辈祖宗，造福子孙后代。
相信你们在天国，
一定会有阳光一样的心情。
这就是你们最最宝贵的遗产。

2010 年清明节

思念爸爸

爸爸离我们而去，
整整半个世纪。
音容笑貌，
言行举止，
历历在目。

爸爸的叮咛，
牢记在心。
就像酿成的陈年老酒，
盛上一盅，
屏心品尝世味。

爸爸的眼睛，
和蔼慈祥，
炯炯有神，
观看叱咤风云，
冷眼看待人生。

爸爸跛脚走路，
构成或深或浅的脚印，
让我不经意发呆，

坎坎坷坷，
跌跌撞撞。

爸爸满脸的皱纹，
构成田野山坡、羊肠小道，
田野庄稼、山坡草木，
四季茂盛，
羊肠小道变成阳关大道。

爸爸的脸色，
构成梦想与希望，
衬托牵挂与担忧，
儿子心领神会，
是鞭策更是动力。

告诉爸爸，
儿子外出求学谋生七十余年，
走过了春与秋，
经历了风和雨，
牢记你的叮咛，
做人、做事、做学问，
实现了你的梦想和希望，
聘书、证书，
论文、著作，
一幅幅国内外学术讲坛上的照片，
你们看见，

可含笑九泉。

爸爸，
今天回到你生活一辈子的地方，
站在你的墓前，
除了回忆，还有思念，
如有来生我还做你的儿子。

2014 年清明节

告诉妈妈

春雨绵绵，
思绪浮翩，
没妈妈的孩子三十年，
心中不断喊着：妈妈，妈妈。
妈妈：
今日我住在老家，
看了你生我的那间房，
一切依旧，
只是更加破旧，
在我心中是最值得纪念的地方。
妈妈：
给我生命，
喂我乳汁，
护我安康，
育我成长。
妈妈：
我算是个懂事的孩子，
父残我心痛，
妈病我担忧，
妹哑我同情，
哥失亲妈的痛我理解，

姐分担家计我看在眼里。

妈妈：

你给牛鞭我放牛，

你给镰刀我割草，

你给锄头我刨地，

你给木桶我挑水，

你给粪桶我挑料，

你给书盒我上学。

妈妈：

我知道你们养我的不容易，

含辛茹苦过日子，

供我上学更艰难，

我用优秀成绩作报答。

妈妈：

年幼外出求学谋生，

酸甜苦辣尝遍，

世态炎凉看够，

父母叮咛记心间，

闯关破难度人生，

俯仰无愧，

心安神怡。

妈妈：

儿子步入耄耋之年，

生活能自理活多久算多久，

生活不能自理，

你来叫我，

早日与你们在天堂相见。

妈妈：

我永远是你们的儿子，

若有来生，

我还做你们的儿子。

2014 年清明节

祭爸爸妈妈诞辰双甲文

爸爸名祖枌,字财宝,号盛雄,生于光绪丙申年四月二十日(1896年6月1日),1964年4月5日病逝,享年69岁。妈妈姓邢名双英,生于光绪丁酉年正月初六日(1897年2月7日),1984年3月18日谢世,享年88岁。今年丙申是爸爸妈妈诞辰双甲之年,儿孙们从各地回到老家,站在墓前,衔哀致诚,祭祀爸爸妈妈在天之灵。

岁月流逝虽久,爸妈音容宛在,笑貌长存,言行举止,历历在目,爸爸妈妈的一生,犹如爸爸跛脚走路,构成或浅或深的脚印,坎坎坷坷,跌跌撞撞,酸甜苦辣尝遍,世态炎凉看透,艰辛度日,含辛茹苦养育子女成长。爸爸说:一辈子做不到财宝成堆,但是坚守唯才是宝,要把两个儿子培养成才,并把自己的字"财宝"改为"才宝",爸爸妈妈是农民,却把两个儿子培养成教授、高级工程师,这是金氏家族的奇迹,也是义北大山里的奇葩,奇迹是你们创造的,奇葩是你们浇灌培育的。

爸爸妈妈的叮咛,儿子牢记心头,你们的眼神、脸色、手势、动静、构成梦想和希望,衬托挂念与忧愁。儿子心领神会,是鞭策更是动力。

告诉爸妈:

儿子外出求学谋生七十余年,遵照嘱咐,做人、做事、做学问,实现了你们的梦想和希望,证书、聘书、论文、著作,一幅幅在国内外学术讲坛上的照片,一张张新闻媒体的报道,陈列在重阳书院的

"金普森史料陈列室"中，你们看了，可以含笑九泉。

告诉爸妈：祖先留给我们的两间住房，你们亲自建造的泥墙草舍，是我生于斯，长于斯的地方，是心中最最留恋的地方，旧村改造中已经全部拆除，儿媳与蕙兰、革非出资新建了金楼园，你们的儿孙们出资在园内建造了"枏英亭"，树立了纪念碑，幼娣书写的"勤劳一生传佳话，芳名万世著清风"楹联，是爸爸妈妈一生的写照，是金氏家族，邻里乡亲的评价。你们看见，可以安息长眠。

告诉爸妈：儿子步入耄耋之年，生活富裕，儿孙孝顺，众人尊重，其乐融融。生活能自理活多久算多久。若生活不能自理，你们来叫我，早日与你们在天堂相会。我一生的遗憾是你们活着的时候陪伴的时间太短、太少，每次回家，妈妈第一句问话：能住几天？儿子知道，爸妈又在担心儿子离家。我已告诉弟弟和晚辈们，我与幼娣死后的骨灰就撒在你们的墓旁，永远陪伴爸妈，再不离去。你们听了，定会感到欣慰。

站在墓前，思绪浮翩。言有穷而情无终，愿爸爸妈妈在天国里有阳光一样的心情。

儿子普森叩拜

丙申清明（2016 年）

西衕金氏第 20 次修谱序

金店距东阳市城区五公里,东边盘溪下游,南濒东阳江,西靠诸公路,北绕锦溪。村内居住皆为金姓,村前有巍山至吴宁的古道,曾开店铺,遂称金店。现属东阳市江北街道茗田社区。

金店四百余户,全为金姓。"参天之木,必有其根,江河之水,必有其源"。金店金氏系西汉中山靖王刘胜之后裔。始祖为刘坚,仕开封府同三司,生二子,长子弘农,授知枢密院事;次子昊,仕右司理参军。昊生二子:长子材,登进士,任将作监主簿,次子杞,任承皋县尉。材之子国用,任承德郎宣州刺史。杞之子国宾,字克生,任天台县令,定居天台孟岸。刘国宾因避吴越王钱镠讳,刘字去掉"卯、刀",留金为姓。因此,有"金刘无二姓""活金死刘"之说。国宾生四子。第四代孙金曦,字景明,行天一,于后梁贞明三年(917),从孟岸迁居东阳卜居茶场,为巍山金姓始祖。曦之子定中,字拱辰,行地一,仕宋尚书令。定中生二子,长子耆,行开一,次子藻,字焕明,号榆窗,行开二。藻之子从鉴,字正容,号柏杯,行创一。宋景德年间走上仕途,授秘阁正字,被封为朝议大夫。从鉴政绩卓越,居家敦谊,亲贤睦族,七世同居。宋政和二年(1112),被敕封为"中奉大夫光禄卿""江南第一家",旌表义门。金从鉴有四子十三孙,元符年间(1098—1100),十一居八世孙金立,号西桥,为避水患,迁于西衕桥安家,为金店始迁之祖。

盛世修史,小康续谱。国家兴盛,启动了编纂清史的宏大文化工程。人民富裕,掀起修续宗谱的热潮。中国宗谱源远流长,它的价值在于:一是反映族人的历史图籍,宗谱记载族人最基本的世系体系状况,记载姓氏源流,族规家训,重大事件,风土人情,族人传记。它以独特的方式展示人口的迁移与传承,展示一个群体,一个区域的历史文化,它维系的不仅是一个家庭,而是一个民族。二是提供史学研究的珍贵资料。宗谱与正史、方志构成中华民族历史大厦的三大支柱,研究经济史、社会史、人口史以及当今世界盛行的家庭史学,均在宗谱中寻求史实。三是弘扬传统美德。宗谱记载先辈及后裔名登仕籍,建功立业的卓越成就与贡献,使人们不但知道自己的祖国、民族,还知道自己的宗族。西衢金氏宗谱记载着柏杯公服官效劳,居家敦谊的事迹,还记载着金店人金渭的传说故事,"金渭公拦官轿""金渭借粮""讨圣旨""物色驸马""二砸江山桶"等等,反映了金渭的智慧、胆识、刚正、亲民等品德,为族人之骄傲,也为后世之楷模。

宗谱具有以上之价值,编修宗谱成了名门望族的一个制度,代代相传。东阳中山郡刘金氏族的后裔,于1995年组织起了刘金氏村史志编委会,征集谱牒、家乘,辑录正史中有关刘金氏的人物传记,调查东阳中山郡刘金氏的分布、墓志铭等,历时四年有余,编纂了《刘金氏村史志》。西衢金氏,九百年间已经19次编修《西衢金氏宗谱》。第19次编修在民国二十四年(1935),距今70余年。这70余年,西衢历经兵荒马乱,天灾人祸,终于在改革开放后,国强民富,金氏后裔才、财两旺。值此政通人和之年,为了承仰前贤,教育子孙,激励当代,裨益后世,族人友水、顺法、海振、立仁、友贤等,不辞辛劳,联络族人,发起第20次续修西衢金氏宗谱,诚心可敬,毅力可嘉。书成之日,宗谱重修委员会嘱吾作序,特拟是文为序。

　　　　　　刘金氏青村派二十二世孙　允通谨撰
　　　　　　乙酉年仲冬于杭州颐景园

义乌刘金氏宗谱汇编序

  义乌的刘金两姓本是同宗同源，都是汉高祖刘邦的后裔、汉景帝刘启的子孙。景帝生十四个儿子，来义乌的有两支，一支是景帝第七子长沙王刘发的后裔，亦即汉光武帝刘秀的孙子刘辉的后代，称为"彭城郡"；另一支是景帝第九子中山靖王刘胜的后裔刘国宾的后代，称为"中山郡"。

  义乌的"彭城郡"，先祖是汉光武帝刘秀的孙子刘辉。东汉建武三十年甲寅(54)，汉光武帝刘秀见太孙刘辉聪慧有潜德，封其为"义阳王"(号"乌伤郡王")，以镇越中，命威寇将军杨茂扶驾以辅之。"义阳王"爵位传承七世八位，国除，易府封号，改称"南门刘氏"。其八十孙万章，始为王官，仕晋仆射典簿，以懋功晋爵，惠帝赐谥"宁公"，敕葬县治南东平山之原祖墓旁。传至五季时，刘辉的廿六世孙刘圻仕越州刺史。与此同时，有中山靖王刘胜(即中山郡)的后裔刘国宾，从江西到天台任县令。因当时钱王讳镠，因刘与镠同音，二人为避讳而改姓金氏。因刘字去卯刂而留金，以示本姓不变。经过四代，大宋统一后，因不必避讳，因此民籍子孙复姓为刘，而军籍子孙仍为金姓。因而浙江境内刘姓中仍有金姓，因此，历代刘金宗谱上都有"刘金无二姓""刘金是一家""刘金不通婚""活金死刘"等记载。

  义乌的刘金氏族是名门望族，历代官宦很多，因此人口众多，居住面广。宋代的时候就分为金山派、崇儒派、下湖派等，到宋代以后又支分为青肃派、青岩派、青溪派、青村派等。原县治北门街有四青祠,是义乌刘金氏族的总祠堂。至今义乌刘姓和金姓的人口有七万多,分居全市一百多个村庄,真可谓"金枝玉叶"枝繁叶茂。

这一次《义乌刘金氏宗谱汇编》,能得以成功编选完成,是在党和国家的改革开放的政策指导下,得到广大族人的大力配合与支持,并依靠和发挥现代的通信设备和交通工具,以及刘金祥和刘嘉荣二位编者的积极努力下取得的。他们两人为此花去五年的时间,千方百计地寻找旧谱资料,到 2006 年,共找到刘金宗谱二十九部。根据这些宗谱资料进行编排的刘金宗谱世系图及文集选编,内容丰富,资料全面,脉络清晰,各派系宗谱的来龙去脉一目了然,为后世子孙了解刘姓和金姓的历史资料,打下了良好的基础,这对上代祖宗及后世子孙都是一件极大的好事。

国有史、家有谱,盛世修史,族旺修谱,历来如此。弘扬历史文化,发扬民族精神,为续修宗谱的宗旨,其目的是承仰前贤,教育子孙,激励当代,裨益后世。值此《义务刘金氏宗谱汇编》告竣付印之时,刘金祥先生约吾作序,因为这种弘扬历史文化之举,尊祖敬宗之美德,令人钦佩特撰是文为序。

刘金彭城郡青村派二十二世孙　金普森撰

2007 年 5 月 1 日

崇儒金氏宗谱续修序

崇儒金氏本姓刘,为汉高祖刘邦之后裔,汉景帝刘启的子孙。景帝生十四个儿子,义乌的刘姓,一是第七子长沙王刘发的后代,称"彭城郡",一是第九子中山靖王刘胜的后代,称"中山郡"。

义乌的"彭城郡"先祖是刘辉,东汉建武三十年(54),汉光武帝刘秀见太孙刘辉聪慧,封刘辉为"义阳王",号"乌伤郡王",命威寇将军杨茂扶驾,从南阳迁来义乌,先后世袭七代郡王均在义乌。五代时,刘圻任越州刺史,刘国宾任天台县令,一批刘氏出任吴越国官职。吴越国建立者钱镠,刘与镠同音,避钱镠讳,刘字去"卯、刀",留金为姓。事后,军籍子弟仍姓金,民籍子弟乃复归刘姓。浙江境内的刘金是同族同宗,有"金刘无二姓""活金死刘"之说。

义乌留金氏,子孙繁衍众多,自宋以后,形成了四大派系,即青肃、青严、青溪、青村,称四青派,青肃、青严、青溪三派姓刘,青村派姓金。青村派始祖金涓,元末明初的知名学者和诗人。避仕从稠城北门迁县南蜀山下蜀塘青村隐居,号青村先生,其一生幽居田野,不应征聘,咏水歌山,传道授业,深为诗人与后世钦敬。金涓在青村与世长辞。明万历十四年(1586),金涓以"崇儒"入祀义乌县乡贤祠。金涓的后代遂称青村派,所修总谱为《崇儒金氏宗谱》。辈分外纪排行为"世、汉、以、永、家、声、孔、彰、式、绍、尔、祖、允、谦、秉、祚、其、昌",内纪排行为"鼎、宝、完、忠、恪、尚、廉、崇、谦、秉、德、思、贤、惇、彝、徽、典、济、美、恢、传、珠、涵、璞、蕴、庆、衍、禧、绵"。子孙繁衍聚居于义乌市的横塘、深塘、大三里塘、小三里塘、塘里赵、下华店、油碑塘、发甲塘、金和里、陈大、西坞、官山、荷叶塘角、西宗、岭下、赤邺桥、上河、西谷等村落。有部分崇儒金氏子孙工作与生活在浙江和全国各地。

宗谱是记载族人最基本的世系体系状况,记载姓氏源流、族规家训、重大事件、风土人情、族人内传的历史图籍。它以独特的方式表示着一个群体、一个区域的历史文化,与正史、方志构成中华民族历史大厦的三大支柱。续修宗谱可以弘扬一个家族的传统美德,可以为海内外游子提供寻根谒祖的凭证,上可以承仰前贤,下可以教育子孙、凝聚人心、激励当代、裨益后世,实乃利国利民之事。

金氏是义乌的名门望族,崇儒金氏勤劳、淳朴、勇为、诚信、宽容之美德,代代相传。崇儒金氏始祖金涓的道德风范,为其子孙之楷模。金涓学文于黄溍,学经于许谦,又与浦江吴萍、金华宋濂、本县王祎、朱廉、傅藻等相互切磋经史及诸子百家,对政治之清浊,食货之丰寡,军事之谋略,地理之形胜,一一储于胸臆。他时而豪兴所发,援笔为文、吟咏成诗,留下了不少风格恬淡,脍炙人口的诗歌华章。金涓对当权显贵者投以白眼,避之讥之,而对贫寒孤苦者,却报以青睐,济之恤之。金涓夫人,少其一岁,过门不久,即双目失明。金家既富且庶,因此重娶之说,不绝金涓之耳,但他概不理会,始终如一。金世俊是金涓的第十世孙,明工部右侍郎,为官清正,廉洁奉公,明崇祯皇帝于御屏上书天下三清官名字,称金世俊为三清官之首。金世俊的儿子金汉荃为太学生,金汉藜为官西粤县令、金汉芝官至副总兵。金世俊的弟弟金世儼,少则善文,长入国子监,其子金汉蕙官至广西布政使右参议,分守右江。柳州失守金汉蕙被俘,宁死不屈,殉节于敌营之中。顺治帝深为痛惜,赠太中大夫,康熙元年,赠光禄寺卿。他与族兄金汉海鼎为同科进士,名动六馆,人称"金氏二雄"。清初名将金光在康熙年间,从征陕西、山西、湖南、广东、广西共 30 余年,功绩卓著,官至鸿胪寺卿,雍正的诏书说:"烈士成仁,赍志而没。忠诚保国,捐躯以从。而金光矢志忠贞,殚心效力⋯⋯临难不屈,甘心殉命,朕用悼焉。"金汉鼎虽非名卿显宦,却因清高耿直、敢言直谏、志行超逸、政绩卓著,而被世人所称道。他们均是同一世族,名盛一时的文臣武将和志行卓异的俊士,是族人的光荣,后世的骄傲。

编修宗谱是名门望族的一个制度,代代相传。始祖谢世 420 年来,崇儒金氏多次续修宗谱。丁丑年(1937)续修以来,因兵荒马乱,天灾人祸,70 年来未能再次续修。丁丑续谱时,"其"字辈子孙寥寥数人,且出生不久,尔今"昌"字辈下也有几代。祖国改革开放后,国富民强,义乌建成国际商贸城,崇儒金氏后裔才、财两旺,续修宗谱既必要也有可能。常务理事会成员发起续修崇儒金氏宗谱,赴上海、杭州等地收集资料,走四乡联络族人。当今族无公产,他们出钱出力,其诚心可敬,其毅力可嘉。

承宗谱续修理事会嘱,因赘数语,聊表祝贺,并为序文。

崇儒金氏第二十二世孙允通谨撰

公元二〇〇七年元月

附：

金普森世系图

崇儒始祖　涓　字德源、号青村。文学家,《四库全书》收有《青村遗稿》传世

生三子:持正、持平、持介

第二世　持平　字思坚、号澹庵居士。幼承庭训,从学于景濂先生,有名的孝子

生三子:仲元、朝元、益元

第三世　朝元　字孟英、号拙庵

生二子:文昌、文华

第四世　文华　字宗英

生二子:珽、礼

第五世　礼　字节之,号邋庵,邑廪生,学优,行饬会当,正贡

生五子:铎、钏、钺、镳、鈇

第六世　铎　灵塘派祖,字儒启,乡间闻人,以诗酒自娱,德度坦豁

生五子:漯、沧、浽、洒、浩

第七世　沧　字孔缨,善积庆遗,克开厥后。

生二子:守宪、守规

第八世　守宪　字子章,号南湖,太医院吏目通议大夫,大理寺卿

生一子:文亮

第九世　文亮　字汝洪,号寅所,敕封征仕,即中书科中书舍人,奉政大夫,吏部文选司郎中

生四子:世俊、世杰、世仪、世俨

第十世　世俊　字孟章,号稠原,万历甲午举人,丁未进士,刑部尚书,吏部尚书

生五子:汉蒲、汉芳、汉茎、汉藜、汉芝

第十一世　汉茎　乾元礼房居十都普济西坞,字公露,号承霄,太学生
生二子:以栋、以梁

第十二世　以栋　字吉卿,邑廪生
生二子:永辉、永煌

第十三世　永辉　字晨之,邑庠生
生四子:仁垕、仁克、仁坚、仁堂

第十四世　仁垕　字子重
生二子:声镇、声铎

第十五世　声铎
生三子:进禄、孔昭、麟祥

第十六世　麟祥　字凤彩
生六子:如雷、如芳、如茂、如海、如兴、如杰

第十七世　如茂
生四子:顺度、顺福、顺烈、顺翼

第十八世　顺翼　太学生
生三子:樟治、绍荣、绍深

第十九世　绍荣　字得培,号树声,太学生
生一子:尔泰

第二十世　尔泰　字君尧,乡间文化人
生三子:祖枂、祖栋、祖杨

第二十一世　祖枂　字财宝,号盛堆
生三子:允道、允通、允朝

第二十二世　允通　字普森,号重阳,浙江大学教授,博士生导师

汉光武皇孙乌伤刘金氏谱牒序

　　家之谱国之史也。古之氏族繁而知者反多，今之氏族简而知之者反少，何也？皆因谱系脉络不清，渊源不明矣。刘金祥兄为惧世远裔蕃，各居其处，族人将视为途人，故在二〇〇〇年义阳王陵墓八角坟被毁以后，发心寻找义阳王各派后裔和谱牒。他联络宗亲刘加荣、金东、刘文高等，搜集刘金氏各支派宗谱，实地勘察刘金氏祖先的遗存、遗址等。进而整理谱牒，修建遗址，重续家谱，付出艰辛努力，花费退休薪金，其精神事迹，可嘉可贺！

　　乌伤刘氏，系东汉建武三十年(54)甲寅，光武帝刘秀知皇太孙刘辉字日著，有潜德，赐封之乌伤为"义阳王"，号"乌伤郡王"。以镇越中，命威寇将军杨茂德扶驾，以辅之。乌伤有刘氏自此始，距今已将近有一千九百六十年的悠久历史。

　　自汉唐以来，刘氏天潢衍派，次第封赐。名者如晋时万章，为太孙八世孙，始为王官，仕晋仆射典簿，以懋功晋爵，卒后晋惠帝赐谥宁公。万章公是治南金山刘氏之始祖。

　　唐时有刘禄，武德间任宏文馆学士，中奉大夫；刘珊，字席珍，为翰林学士阶金紫光禄大夫。

　　五代时刘圻，字时固，仕越州刺史，因避武肃王钱镠讳去卯刀而从金，是为义乌刘改金之祖。因此乌伤刘氏、金氏原本是一家。

　　刘氏之名卿硕德，代不乏人。宋时刘豪字有开，以文学迁平昌刺史，阶朝议大夫。豪生二子：亭、高。亭生三子：绥、缓（出继）、绂。绥之子孙迁居阶云，绂之子孙居崇儒，后裔迁居浦江、富阳、永

康、武义、东阳、金华等及义乌各地,名儒金涓号青村先生即是派
子孙。

高:继一子缓,字粹中(更名烨,字希中)居青严;后裔分居青
严、金华、南湖。生三子:辉、熺、煜。辉,字希光,乾道己丑进士,仕
南康太守,居下湖,后裔迁居青溪、盘安、龙华、龙溪、暨阳;熺,字希
和,同登乾道己丑进士,授登仕郎,析居庙巷;煜,字希善,更名焞,
郡庠生,仕登仕郎,生二子:刘进,居金山,后裔迁居湖门、暨阳、泰
顺等地。

本族衣冠簪笏,踵接肩摩,连绵不绝。继而登淳祐辛丑进士第
者仕龙,字时甫,号东麓,谥封武节侯;昌年字寿翁,淳祐丁未进士
有异政,尝浚慈湖,溉田千顷,民尸祝,历官参知政事;又以特科进
士者仕元字本善,以特科历官至河南按察司副使;昌龙特科进士,
任山东副使。故刘氏冠盖相望,姓誉益著,金华吕成公特书"金枝
玉叶"四字以赠刘氏,士夫云及金山者,皆称此义乌的"三翰林宅,
四名家后"。

二〇〇〇年,义乌市旧城改造,修建市民广场,故将在金山(即
东平山)的义阳王陵墓八角坟夷为平地,时有义阳王第六十世孙刘
金祥君等惧东汉八角坟古遗迹无存,因此会同湖门派的刘氏宗亲,
在八角坟遗址处得了几块泥石汉砖等遗物,安葬在湖门太坞,并规
定于每年二月十五进行祭祖。至今常有各派子孙前往湖门太坞的
义阳王陵墓拜祭。

二〇〇五年,在稠城绣湖公园的湖边建造了"义阳楼"以示纪
念义阳王。二〇〇八年,义务刘金氏宗亲又自筹资金数十余万元,
在赤岸塘边村修建了崇儒金涓隐居陵园,以供后人瞻仰与祭祀。

刘金祥兄经过十几年的艰辛努力,终于在加荣、金东、文高等
宗亲的协助下,将收集到的各支派刘金氏宗谱加以整理汇总,编辑

成《汉光武皇孙乌伤刘金氏谱牒》。展而观之,上自义阳王刘辉为一世祖,下至刘辉的第四十八世孙,其中基本上可以将分局各地的支派都囊括在内,脉络派系清楚。虽说各派系骈隩其地,而惟存实习总图,但昭穆之分,灿然如珠之就贯,井然若雁之列行,先后有伦,大小有叙,支流之衍可指而可见也。

　　余与刘金祥等同为义阳王之后裔,以尊祖敬宗之心,为心可谓"迹相伴而志相合者矣",得不申一言以相遗乎?是为序。

义阳王裔　金普森　谨撰

时岁次壬辰(二〇一二年)清明节

合莫堂金氏宗谱续修序

天地间以人为尊，百灵中以人为贵。人虽尊贵，皆父母所生。尊祖之法，对生者尽孝道，对辞者永祭祀。然祖先久远，何以记耶？则有国史、家谱。

家谱也称宗谱、家乘。它是以一姓一族为记录单位，反映同宗共祖的血缘世系，记载人类姓氏源流、族规祖训、人物事迹、风土人情的一种表册典籍。它与正史、方志构成了中华民族历史的三大图籍，是我国珍贵的传统文化之一。

萧山开善里（曾称金家甸，即今北坞村）之合莫堂金氏，本姓刘，是汉代皇室之后裔。宋室南迁，刘氏扶驾至临安（今杭州）。明弘治年间，宦官刘瑾专政，伏诛。刘姓遭牵连，以金为姓隐世他乡。青一茂公从钱塘六和迁徙至萧山六都开善里隐居。金茂，行青一，邑庠生，被尊为六都开善里（今北坞）金氏始祖。开善里金氏，有活金死刘之说，其所修家谱仍称《萧山刘氏宗谱》，以表对本姓的永志不忘。

刘茂公卜居萧山六都，拓垦种植，繁衍生众，名人辈出，宗功显赫。古有金兰公、石声公、石文公三父子被诰封朝议大夫、翰林院庶吉士，湖北襄阳府，甘肃西宁府的金氏"一门四大夫、兄弟两知府"之美誉。继而有金光寿家族几代坐镇江浙银行宝座。新中国成立后，又在党、政、法、军界、工矿企业、文化教育各领域涌现了不少知名人士。改革开放后，合莫堂子孙更是人才济济。他们遵循先祖"克勤克俭""惟耕惟读"之祖训，处世从业为人，族兴宗亲，才财两旺维木有本,厥水有源。卜居萧山六都的刘金氏的后裔,为祖宗神灵之安宁,宗训之传承,世系之延续,早在明嘉靖己酉年金氏先祖已始修家谱,后于清康熙壬寅年起续修《萧山刘氏宗谱》多次。在乾隆戊寅年建造合莫堂刘氏家庙,为先祖之灵寝,后辈祭祀之所。而后两次拓基扩建,形成上、中、下三进祠堂。上为神位,下为戏台,中为族人议事堂。

斗转星移,山河更迭,家谱间隔八十一年未续修,家庙一百四十余年未能修葺,族内宗亲无不忧心。皇天不负金氏,改革开放,国盛民裕,族人多次呼吁修葺家庙,续修族史。公元二〇〇二年刘氏家庙得以抢修。古色凝香,砌磨石地,标隆墉固,浩然威生,祠内挂先祖画像,刘金氏源流,重悬匾额,配以楹联,再展汉室皇裔之荣光,克绍簪缨继世耕读传家之遗风。

壬辰早春,合莫堂刘金氏奎光仁义礼谱世系孙辈协谋续修家谱。创议四传,和者众也。浦沿祝明家族提供了珍贵的民国辛未年修的《萧山刘氏族谱》(合莫堂金藏版本)。族人商议并得村三委的支持,组建了贤桥任会长、奎荣、志权任副会长的萧山合莫堂刘氏宗谱续修理事会,正式启动第八次续修宗谱工作。

续修宗谱是一项承先启后,慰祖励孙的浩大而繁重的工程,理事会成员视此为己任。大家齐心协力,夜以继日,不辞辛劳,无怨无悔地工作,费时两年之余,凝聚着修谱理事会及编撰人员的血汗和智慧,萧山合莫堂金氏宗谱终于完满修成。此次修谱得以成功,得益于天时、地利、人和,有赖于忠孝勤励的知者,有赖于齐心协力的行者,也有赖于热心支持的全体宗亲。

宗谱付梓之际,合莫堂刘氏宗谱续修理事会嘱吾作序。特撰此文,权充为序。时在癸巳春月。

刘金氏青村公二十二世孙　金普森拜撰

紫岩螺山刘氏家乘续修序

　　古之地名,多以山川湖海、地域方位、神话传说、姓氏聚居等命名。诸暨北部海螺山下白塔湖畔有一处金氏绵延生息之地,名金家站,然所修家谱则书《紫岩螺山刘氏家乘》,此乃金氏对生命之源、家族之根、世系之连难舍情结之体现。

　　金家站金氏本姓刘,汉代皇族之后裔。汉景帝封第九子刘胜为中山靖王。传之三十三世孙刘曦,仕吴越国为建功郎,授大中大夫,昭信军节度使。曦之长子定中,仕宋尚书令,次子定夫,宋大中大夫。刘与吴越国王钱镠的镠同音,避君讳为改刘为金。嗣后,子孙繁衍遍布浙地。到宋代,浙地金氏属民籍者恢复刘姓,军籍者仍姓金,始一脉两姓,金刘一家,活金死刘之独特现象。

　　金家站先祖金从鉴,行创一,字正容,号柏杯,以孝悌试授秘阁正字走上仕途。从鉴公因服官效劳,居家敦谊,亲贤睦族,七世同居,被封为中奉大夫光禄卿,旌表义门,誉称"江南第一家"。从鉴公四子十三孙,共五百余人,是东阳的名门望族。一祖遗十三孙,号称东阳刘金氏十三居。水患加诸兵乱,十三孙始分散四处,各择福地定居。第三居裔孙讳恕,百四公迁居紫岩螺山,此乃金家站金氏之始祖。八百余年的繁衍生息,三十余世,三千余人,是当今"活金死刘"最大聚居村落之一。

　　金家站金氏惟耕惟读,诗礼传家,代代相传,英彦辈出。二十世祖前的名人在民国两次编修的家乘上均有记载,不再赘述,二十世祖以来就有金毓麟(字勤昉),光绪元年黄恩永榜,任福建闽清知

117

县,廉洁奉公,勤政为民,传为美谈。种田人金树贵,出资创办"育才书屋",供族人读书、明理、修身、成才。近代民主爱国乡村教育家金海观,任湘湖师范校长二十五年,形成"苦干、实干、研究、进取、注重情谊"的湘湖精神。金重冶弃笔从军,为军马驯化、医疗研发作出杰出贡献。体育教育家金兆均、世界知识出版社总编金陵、音乐家金湘、外交关系评论家金灿荣等杰出名人的涌现,是金氏之骄傲。

改革开放后,金家站金氏才财两旺。义务教育普及,受高等教育众,获得教授、主任医师、高级工程师等高级技术职称,获得博士、硕士、学士学位的近三百人。获得生产自主权后,艰苦创业,经商办厂,从事五金、汽配、水暖等工商企业二百三十余家,二百多人走南闯北,走出国门,经销家乡产品。金氏裔孙生活富裕,新房林立,绿化成荫,道路硬化,族人和谐,社会安定,齐心协力奔小康。

国盛修史,族旺修谱,是我国优秀的文化遗产,姓氏文化的传承,在世界上是独一无二的。家谱亦称宗谱、族谱、家乘等。宗谱中蕴藏着大量有关人口学、社会学、经济学、历史学、民俗学、教育学、语言文学等地方史料,对学术研究有重要价值。宗谱对族人寻根认祖,慎终溯源,继承传统,启迪后人,增强凝聚力等有着重要的现实意义。宗谱均有二十年一修的常例,然金家站金氏宗谱自民国丙子年续修以来八十年矣。世界大战、国内战争、频繁的政治运动,以及自然灾害等原因,不但宗谱未能续修,连先祖所修的宗谱也未能保存一份,刘氏家庙荡然无存,痕迹全无。悲哉痛焉。

八十年变迁,村落日新月异,金氏裔孙,苦守家园,远走他乡,叶落归根,故里牵魂,续修宗谱是共同的心愿与期盼。续修何易,一是必须找到八十年前所续修的宗谱;二是族产全无,必须自筹资金;三是八十年人口迁徙,遍布国内外,将入谱者四千余人,获取信息资料艰巨；四是组建续修班子也并非易事，必须是具有无私的奉献精神和较高的文化素养之族人。

幸有族人金马鑫在其子汉亮、孙宇洋帮助下查到上海图书馆藏有民国丙子年续修的《紫岩螺山刘氏家乘》，并将其全都复印回来。企业家金迪荣出巨款作为续修家谱的启动资金。喜讯传出，各房族人相互转告，出资出力，共襄此举。金家店村两委会亦表全力支持。二〇一四年六月组建以金迪荣为主任，金马鑫、金传渝、金志方为副主任的续修委员会。诸位编委肩负重托，四处奔波，八方联络，废寝忘食地搜集资料，理清支脉，定辈正名。继承传统修谱之凡例，融入新的文化内涵，完成金氏史上的一件大事。人以文传，文以人撰，每一位编委为此付出的劳动，上无愧于祖宗，下昭示着后人，可钦可佩。

宗谱付梓之际，编委会嘱我作序。身为刘金氏宗亲、金海观弟子，责无旁贷。细研民国丙子续修之家传世宝，详读编委会寄下有关资料后，特撰此文，权充为序。

　　　　　　刘金氏青村派二十二世孙　金普森谨撰

　　　　　　公元二〇一六年岁次　丙申春月

乡情与乡谊

梦回家园

经常在梦境出现的地方，少年想走出去，老年想回来的地方，就是我出生的地方——义乌市大陈镇外西坞村。

走出西坞，在城市里上学，先后在义乌市稠城（义乌中学）、萧山城厢（湘湖师范）、杭州西溪（浙江大学西溪校区）、北京海淀（中国人民大学）读书。而后在东方人称为"天堂"，西方人赞为"天城"的杭州安家立业。在杭州求学、工作、生活了近60年。在城里，高楼大厦之间没有祖先的身影，没有鸡鸣犬吠，捧不到一把渗透过祖辈汗水的泥土，也闻不到家乡特有的乡村气息。在我的内心深处爱城里的家，更留恋故乡的村庄与老屋。

千里之外常想家、家人与家乡。

人是社会的人。众多的社会关系、人际交往，把人与人联系在一起。地缘、业缘、血缘结成了广泛的人际网。这些人聚聚散散，散散聚聚。最根本的是血缘，不管什么地方、什么时候，只有血缘是永不分离的。虽也聚聚散散，散散聚聚，但永远是聚而不散，散而又聚的。

我在老家，原有祖传的两间老房，父母亲又在两间老房后建造了一间黄土垒的墙、稻草盖的茅草屋。父母亲付出的是燕子衔泥筑窝的辛劳。我在此屋度过了童年、少年。当我12岁那年，走出西坞外出求学谋生。父母先后谢世后，我们兄弟旅居他乡，很少回家乡，三间老屋再无人居住。房子没人住更容易坏，漏水时有发生。邻里写信告知房屋漏水，只得寄点钱给他们，并拜托他们帮助修理。一而再,再而三,挺累人的。我与弟弟等商量后把三间老屋送给侄儿。侄儿说送给他是不要的,卖给他,还要写张纸,他是要的。既然如此,就写张纸卖给他。于是三间老屋以每间千元的价格卖给了侄儿。21世纪10年间的正月里我单身一人回老家去过两次,一次还在侄儿家住了三天。每年的清明节携家人返乡祭祖,也只停留几个小时。加菜后,吃罢中饭,就回杭州。

故乡日新月异的变化,使我兴奋与欣慰。旧村改造,新房林立。村里人问我们兄弟是否在老家造几间房子。我说年逾古稀,不想建了。四年前,钢筋砖石结构高46余米的九层塔在青口山顶建成。村两委干部约我为灯塔作序并请书法家题写"灯塔"两字。我撰写了《灯塔记》,并请著名书法家刘江教授题写"灯塔"两字。我还建议是否在老家建座图书馆或书院,我可将收藏的图书、字画捐赠给家乡。村委与村民接受我的建议,选择地址,筹集经费,决定把筹建书院作为本届村两委的主要文化建设项目。

既然建造书院的项目定下,我所承担的义务更大,于是萌生老屋的后面沙塘项造房,一是便于我为建造书院工作;二是有生之年可常回老家居住;三是可让我与弟弟的子子孙孙知道自己根在何处。叶落归根,游子最终回归故里。即使葬身异乡,也会梦回家乡。

遐　想

甲午三月，

春意盎然，

返乡祭祖游子，

坐车驰抵重阳书院广场。

移步踏上古越之地，

跨过大门台阶，

漫步书院长廊，

前面有人引路，

左右两人搀扶，

后边众人跟随，

不时听到：

慢走，慢走！

更觉自己是耄耋老翁。

走过翰墨轩、藏书阁、重阳斋、讲学楼，

来到大成堂前，

环视四周，

近看：

仁山亭、智水亭、报本亭。

远眺：

巍巍鹅峰山，隐隐瑞丰寺，

抬头看巍然屹立的灯塔，

低头忆书院建设，

步步如此艰辛，

心中滋生丝丝惆怅。

仰望，

天空尊严，至高无上，

俯视，

大地坚实，胸怀坦荡。

坚守梦想，

不气馁，

不后退，

因为有美好的期盼。

甲午年清明节

松　忆

老伴退休后,爱上了绘画与书法。写意与工笔,以工笔为最,多次获得全国书画展的金奖。前些年以画花鸟为主,近年又迷上了山水画。她说花鸟画活泼可爱。山水画气势磅礴。春节期间,她画了一幅以岩石与松树为主题的山水画,并根据画面,题写了:"山雄奇厚重,风云变莫测,岩生万棵松,姿态各千秋。"

由此联想起家乡的山和松树。我的故乡在义乌市东北部与诸暨交界的山区,家乡山地多、树木多,印象最深的山是我家的前山和后山,树是房屋左侧的两棵大樟树和前山、后山的成片松树。开门见山,山上是郁郁葱葱的松树;走出后门,又见山上成片的参天大松树。

1942 年,浙赣战役爆发,日寇侵占了浙赣铁路沿线的乡镇。日机经常在家乡的上空盘旋,有时会丢下炸弹。家乡父老听到飞机声,就会往前山与后山跑,逃到松树林中避难。年仅 10 岁的我会牵上家中的宝贝——黄牛,跑出后门,躲进松树林。那一片松树林,成为日寇侵占浙赣铁路期间我们的保护林。

松树是常青树,新的松毛长了,松花开了,老的松毛逐渐变黄,随着风吹雨打,凋落在地上。这时候,山上的地面就像覆盖了一层美丽的金黄色地毯,走在上面软软的、滑滑的。我和姐姐,会拿起竹耙去耙松毛,装在篓里背回家,是上等的燃料。松树全身是宝,松花粉做的松花糕,亮黄、喷香。松脂加工后可得松香和松节油。松树的皮似虎爪龙鳞,十分美观。树皮脱落,也是燃料。松树干是造房的顶梁柱,锯成板是制作家具的好材料。松树抗腐性强,修水塘,筑堤打桩用的也是松树。

家乡的松树曾遭两次劫难。第一次是日本侵占义乌期间,日本鬼子一队人马,连续几天,砍去了我家后山一批超过大人腰围粗的松树。日军砍下树后,切割成一片片或一段段地运走。我曾问过大人,日本人把这些松树切成片或段,抢去有什么用处?有人说运回日本做军工材料,也有人说运回去做火柴。小时候玩过火柴,于是印象中一直认为日本人砍去我屋后山上的大片松树,是去做火柴的。第二次劫难是"大跃进"年代的大炼钢铁,把门口山上的松树全砍了烧成木炭,充当炼钢的能源。

幸而,改革开放以后,封山育林,后山开垦为茶山,门口山上又有成片的松树。去年清明节,返乡祭祖。父亲的墓建在蚕木坞山脚,上坟去穿过机耕路,再走田塍路,便可抵达墓前。祖父和太公的墓建在半山腰,已经很难穿越林木和杂草,虽有心上坟,也未能如愿。站在父母墓前,举目四望,群山环抱,山明水秀,欣欣向荣,一片盎然生机。家乡山林的变化,正是祖国日益繁荣的缩影。

过　年

　　岁月匆匆,已经整整卅年未回老家过年了,期盼着有生之年能回老家过个年。愿望的实现还是很难的,老家已没有自己的房屋,回家去我得在亲戚家。老家的习俗是不留生人在家过年的,即使出嫁的女儿,也不允许滞留在老家过冬至和春节的。俗话说:"过个冬去个公,过个年去个爹。"意思是说女儿在娘家过冬至是克公公的,过年是克父亲的。大年三十和正月初一,更不欢迎外人在家的。若有外人,则住侧屋,单独居住与吃饭。近些年,侄儿、外甥等多次邀我与夫人回老家过年,都婉谢了。

　　年是生命进程和人类发展的最基本计量单位。《说文解字》许慎诠释:"秊,谷孰也。"清朝的段玉裁注:"《尔雅》曰:夏曰岁,商曰祀,周曰年,唐虞曰载。年者,取禾一孰也。"从上述记载可知,年的内涵都是从人类赖以生存的粮食作物成熟来认识的。年是大自然季节变换周而复始的计量单位,也是人生命长度的截取的概念。人从生到死,活几年就是几岁。

　　过年习俗蕴含了地方的风土人情,各民族都有自己的不同的过年形式,即使同一民族,生活在各地也有各地的地方习俗。我出生在义乌东北部山区,与诸暨毗邻,过年的习俗,基本是义乌的,也有诸暨习俗痕迹。以吃为例,义乌过年一定吃馒头,馒头发得很松软,代表发。吃藕,代表有后。诸暨过年一定吃豆腐羹(现称西施豆腐),义乌没有这道羹的,但我们村过年家家户户都有这道羹的,寓意耕,新一轮的农作物种植从耕田开始的。

过年最重要的日子自然是一年中的最后一天和第一天。过年的延伸段从农历十二月始,至正月元宵节结束。老家没有吃腊八粥的风俗,要到十二月廿三日才有过年的气息。廿三夜祭送灶神上天,俗称"谢灶"。供上祭品,把灶神和神龛上楹联、油灯架烧了,送灶神坐轿上天。"上天奏好事,下地保平安"。是人们对灶神的祈求。次日后,殷实人家购买年货、掸尘清洗、杀猪宰鸡、切麻糖(冻米糖)、打年糕、做红粿……。到了大年三十,在肉桶里放着猪头、鸡以及其他祭品拜菩萨,谢天地、祭祖宗,俗称"祝福"。"祝福"仪礼毕,就扮猪头了。把猪头分成精肉、肥肉分别盛几碗,每碗八块,把鸡肉也切分成几碗,这是准备正月里招待客人的,剩下的自己过年吃。

我家住的房子是清代建造的,18 间的四全屋,共住 10 户人家。中间有一大间,是办红白喜事的公共场所,也是过年祭祖、拜谢天地的地方。大间里每逢过年就把祖宗的画像挂起来。一群七八岁的男女儿童会在大间里唱:"红太公挂墙壁,子孙们有糖食。"

大年三十夜吃年夜饭,也称"分岁"。我记得小时候,母亲烧好菜与饭,关起门全家人在围八仙桌坐定,吃饭时不能站起来,也不能说话。只有父亲可以站起坐下,帮我们盛饭。母亲说如果站起,母鸡孵小鸡会半途而废,孵不出小鸡。母亲座位下放一张草纸,在分岁饭时若有人讲些不吉利的话,母亲会在你嘴上用草纸一揩,寓意是把不吉利的话如放屁一样揩干净。吃完年夜饭,父母亲要给我们分压岁钱。而后烧香拜门神,放开门炮,打开大门。我们可以提着灯笼出去玩。父母再三叮嘱,人家未开门千万不可以去敲门。家家户户门口挂起红灯笼,在大间天井里竖起很大很长的一支毛竹,竹尖上也挂上红灯笼,点上蜡烛,俗称"天灯"。夜间行路人远远就可以看到一盏灯,知道村落所在。

　　正月初一是不出行的,天不亮就祭天地,迎灶神。这一天不杀生,不下生米烧饭,也不扫地,让扫帚也休息一天。正月初二,父亲就带我到普济寺烧香拜佛。正月初三开始拜年,一般这一天到外公家拜年,此后,去一家一家拜年。到正月初十左右,拜年就告一段落了。大年三十、正月初一、初二是喜庆、祝福的时间段。正月初三起始沟通血肉情缘。亲友之间在过年这个时间段的相互走动,表示着亲情的延续。如果不拜年,得罪亲友,意味着以后不走动了。

　　正月十三开始迎龙灯。我村是没有自己龙灯的,邻村的横店、寺前、善坑村的龙灯要行到我村,并在道地里舞起龙灯。我村则要祭祀龙,对舞龙者送礼。当我十三四岁时,看到邻村有龙灯,十分羡慕。我们同龄的几个人,得到长辈们的支持,在1946年也搞起了西坞村的板凳龙。让人做了龙头和龙尾,每家拿一块八尺板,自制一节灯板,上面装上两盏红灯笼,板凳的两头凿两个孔,制一板灯棍。但是爷爷对我说:行龙灯是万年香火,祖先所以不行龙灯,只迎龙灯,是让村里人有龙灯看,看完龙灯就休息,不操劳。我想,行龙灯,图的是喜庆。西坞村的龙灯,行了几年,一般是在正月十三、十四和十五这三天。兴致未尽的,正月十六加行一天。龙灯上架,过年结束,农民耕作,学生上学。

　　过年是喜庆的,但是穷人过年犹如过难。在旧社会,村里就有几户连年夜饭也吃不上。父母是费心劳神,盘算着如何让我们兄弟姐妹能过上快乐年。全年吃的是五谷杂粮以及地瓜、草籽、豆壳、萝卜当主食,但过年一定吃上白米饭,而且会养一只猪,过年杀了,卖了一部分置办年货,其余的留下,猪头及内脏过年吃。猪油就成全年烧菜用了,还会留两只腿及条肉腌起来,成为全年的荤菜。全年除清明,冬至等节日买点肉之外,一般是不买新鲜肉的。

不饲年猪的话,猪头是一定买的。猪头是拜佛、祭祀的供品之外,有一个猪头这个年也挺得过去。除家人吃之外,猪耳朵、猪舌头等都是用来招待上等客人的。

在我读小学和中学的年代,是我家经济最困难的岁月。每到过年除筹划年货外,还有几件事情都要在除夕夜前办的:一是租田。新年种的田,有的要续租,有的是新租的。二是还债。欠的债务要偿还,还不起本利,利息是一定要还的。我小时在除夕深夜,连续几年有一个人要来的。父母亲款待他后,要给他几块银圆。后来得知此人是泥水匠。替我家造泥墙屋时欠下的工资,转为债务。除夕夜时给的是利息。三是学费。过了年我们兄弟俩都要上学,开学就得交学费和学杂费。年难过,还得过。最困难的是1948年的春节,母亲患病未愈,爷爷逝世,花费了一大笔费用,过年的年猪也早早卖掉。到了年底前几天,父亲担豆腐皮到诸暨应店街去卖。应店街离我家有七八十华里的路程,父亲一拐一拐地挑着四五十斤豆腐皮得走一整天。父亲出门三天,还没回来,全家人盼着他早点回来。廿九日晚上,父亲挑着两只小猪和一盏灯笼,两张红纸回来了。见到父亲回来,我高兴得跳起来。父亲从口袋里拿出几包红红绿绿的酥糖,分给我两包。第二天一早起来,我就把两张红纸裁成斗方与长条,写好春联,贴在门上和柱子上,有了过年的喜庆氛围。熬过了难过的一年,新的一年一切重新开始。两只小猪的饲养,又成了新一年的企盼。

过年是人生最富有认识意义的计量单位。人的生命在代代相传中延续,人类社会在年的新陈代谢中推进。

2009 年 6 月 23 日

话说"端午"

昨天大庆、敖晶夫妇送来嘉兴五芳斋粽子、高邮三湖咸鸭蛋。这是端午节必备的节日食品。他们问我今年端午节在杭州还是回义乌老家？使我忆想起青少年时期在老家过节的情景。

家住农村山区，家境贫寒，平日里白米饭也吃不上，过端午节有粽子吃，高兴得不得了。端午节为什么吃粽子，不知道。对端午节的来由更不清楚。父亲说："端午节吃粽是为祭祀中国最早大诗人屈原，他有崇高理想，但无法实现，遂投汨罗江自沉，后人用粽子投江慰藉大诗人。"长大后，读书多了，才知父亲说的只是民间传说中最常听到的一说。东吴一带还有端午为纪念伍子胥之传说。春秋时，吴国大夫伍子胥主张拒越求和，停止伐齐，被吴王赐剑自杀。此外，有古越人图腾崇拜祭祀说，故端午日，中国南方各省区举行龙舟竞渡。还有夏至节演变说，于是人们插艾草菖蒲，饮雄黄酒和儿童穿的衣襟上系香袋，以期禳灾疫、去虫毒。

端午节为农历的五月初五，本名端五。《太平御览》卷三十一引《风土记》，"仲夏端五，端，初也"。端五为端午是来源于农历以地支记月，正月为寅，二月为卯，三月为辰，依次五月为午。2014年是甲午年，五月是庚午月，因此，称五月为午月。五与午通，五又为一阳数，故端午又称重五、端阳等。

义乌老家过端午的时食是粽子、鸡蛋和雄黄酒。粽子的品类较多，有白米粽、肉粽、豆沙粽、红枣粽等。义乌盛产蜜枣、南枣，用枣包粽子既普遍又好吃，且寓意"早中"。端午后，古代科举考试，近现代升学考试开考,吃了枣粽寓意考试早中,金榜题名。义乌还有别具风味的灰汤粽。用稻草烧成的灰浸泡糯米一昼夜后取米包粽子,煮熟后颜色橙黄,吃起来特别香、糯和有嚼劲。用现在的话讲,灰汤粽就是碱水粽,利消化、易保存。小姐姐知道我们兄弟俩与我妻喜欢吃灰汤粽,她在世时,每年端午都会包一些送来。一次与小姐姐的儿媳谈论小姐姐做人做事的高尚品德,我无意中说我姐谢世后灰汤粽吃不到了。小姐姐的儿媳记在心里,也每年送来他(她)们包的灰汤粽。灰汤粽全糯米,不加馅,用义乌红糖蘸着吃。鸡蛋有用茶叶或霉干菜煮的,各有特别的香味和口感。

除时食外,端午日的习俗是儿童衣襟上佩戴香包和住家门上挂艾草、菖蒲。

线香包内有朱砂、雄黄、香药,用花布、丝绸的边角料,及各种颜色的丝线缝制而成,彩色鲜艳,图案美丽。我小时挂的香包,都是从鸡毛换糖的货郎那换来的。货郎手摇拨浪鼓,肩挑货物中除糖、日用小商品外,在端午节前会有香包。春节过后,家里难得杀鸡,母亲把鸡毛以及她自己梳头时脱落的头发藏起来,端午前去换香包。香包不仅香气宜人,还有辟邪之功效。

插艾草菖蒲于门上,是家家户户都能做到的。我老家是半山区,田间、路边、山坡上到处可以采到艾草,我家三间屋的门上插上艾草,甚至牛栏、猪舍上也挂上艾草。因为艾草具有杀虫和祛瘟的功效。蚊子、苍蝇往往避味远遁。至于菖蒲长在水泽地,家乡山区,菖蒲数量不多,挂菖蒲人家不多。艾草是件宝,可食用、药用,也是我老家夏日最经济、最有效的驱蚊剂。

端午在入夏季节,所以习俗都以驱虫赶蚊、解毒祛病为主题,是中国的传统节日,为优秀的非物质文化遗产。

2014 年端午节前夕写于杭州

赶　市

在孩提时代,常听大人说"赶市去"。当年不知赶市是怎么一回事,每当逢爸爸或妈妈赶市去,我还是很高兴的。因为每次赶市回来,挑回的箩筐里,除黄豆、盐或布之外,有时还买块肉、桃子、石榴等回来,以解我们兄弟姐妹的嘴馋。在我上小学的寒暑假里,有时我会跟着爸妈一起去赶市。逐渐明白,赶市就是在俗定的日子到俗定的地方,卖出家里的农副产品,买回家里生产和生活的必需品。

市是集中做买卖的场所。起源于商周之际,约公元前 11 世纪前后。《易·系辞下》:"日中为市,致天下之民,聚天下之货,交易而退,各得其所。"对乡村的集市而言,北方一般均称为"集",在南方的称谓就比较多了,广东、广西、江西、福建等省均称"墟",四川省称为"场",而浙江省内称为"市"。到集市去买卖商品,称为"赶集""赶墟""赶场"与"赶市"。集市的时间一般为隔三天举行一次,有一、四、七,二、五、八,三、六、九之分。在人口稠密的中心乡镇则隔日举行,即逢单日或双日举行。义乌东北地区的大陈镇为农历的初一、初四、初七,苏溪镇为农历的初二、初五、初八,楂林镇为农历的初三、初六、初九。每个镇一个月有九次集市贸易日。与我村相邻的诸暨安华镇是逢双日,月大十五次,月小十四次。西坞村及邻近村的村民,一般是赶楂林市或安华市。

楂林位于义乌的东北部,是座千年古镇,距义乌县城 40 华里。南临苏溪,东通廿三里,西通大陈、郑家坞,北靠诸暨的安华乡、越山乡。楂林离我村8华里,安华离我村14华里。在没有铁路与公路的年代,是义乌、东阳、永康、磐安等县的人们赴杭州等地的必经之路。从楂林经十都到善坑岭,抵诸暨安华,步行到萧山临浦,则可坐船抵达杭州的南星桥码头。

楂林是义乌东北地区土特产品的主要集散地和农具、日用品的中转站,是历代使用肩挑交易的重要基地。楂林有近千口人,沿云溪一条街建有商铺,东为云溪,西为一大商品交易场地。所开的商铺有旅社、饭店、南北货商店、布店等。所开商铺,东西两边开门,东沿云溪边一条街,北朝露天的商贸场地,平日里向路人售货,市日除向路人售货外,向商贸场地的小商小贩及前来赶市的人们做生意。商贸场地北边,有杂货店、肉店、布店、雨伞店、灯笼店、中药铺、打铁铺等。三、六、九市日,小商小贩以及周边的农民,都在商贸广场摆摊,出售农副产品和手工业品,买回生产和生活用品。

农村集市贸易场所,都有一年一次的规模较大的会场。楂林是每年农历的五月十三为会场日。这一天,人们去楂林不称赶市,而叫赶会场。四面八方的人们提篮挑担,络绎不绝地拥向楂林,有做买卖的,也有逛会场看热闹的。

我一生中只赶过一次会场。那是1946年的5月13日。1942年浙赣战役中,义乌沦陷,楂林成为日本侵略军的一个据点,他们经常出击周边村庄,抢掠农民的粮食和家畜。楂林市也衰落了,赶集的人数寥寥。1945年9月,日本宣布无条件投降,楂林迎来了抗日战争胜利后的第一个会场日。人们怀着抗战胜利的喜悦心情去楂林赶会场。当年我是小学五年级的学生,跟着爸爸去赶楂林会场。其情其景,至今历历在目,记忆犹新。

那天风和日丽,晴朗炎热。我是光着上身、赤着脚肩挑几十斤木炭去赶会场的。步行八华里抵达楂林。楂林已是人山人海,热闹非凡。爸爸领我到柴草市场,把木炭放在地上,就有顾主来买木炭。把木炭卖了后,爸爸拉我到百货店,给我买了件汗背心,当即帮我穿上。穿上新背心,心里的兴奋之情难以言表。

这一天的楂林,赶会场的人数达到万人以上,商品之多不计其数。商贸广场划为家畜市场、农业市场、家具市场、粮食市场、竹木市场、柴草市场以及水果市场、蔬菜市场等。此外还有耍猴、演皮影戏的。赶会场的人卖了自己的农副产品,买回了自己需要的货物,高高兴兴地回去。

乡村集市贸易,对沟通城乡之间、工农业之间、自给自足的多余产品的交流,起着重要的作用。如今老家成为国际商贸城,但乡村的集市贸易可仍按风俗坚持发展,凸显了它的生命力。

三叩句乘

我出生在句乘山金麟山坞西，村名外西坞。童年时代听长辈说："我们生活在古越之地，句乘山是越王句践卧薪尝胆，积聚力量，报仇雪耻的地方。"少年就读诸暨越善小学，校址在句乘山西南的宣何街村。老师说：句乘山曾是越国国都，故句乘山西周有冠以"越"字的山村、寺庙，如越山、越山寺、越善村、越善小学……青年时期上大学读书，学的是历史专业，对越国的兴亡，句践的改革图强，灭吴雪耻，北上争霸……有了新的认识。

读万卷书，走万里路，是治史者的企盼，就先秦的越国史而言，曾读过《国语》《史记·越王句践世家》《吴越春秋》《越绝书》等典籍，也曾参观和考察过绍兴的印山越国王陵、诸暨西施殿、嘉兴范蠡湖……。常在句乘山四周走，却从未对越国国都、王坟冈、退马坡等典籍上记载的、民间传诵的遗址进行实地调查与考察。2006年，完成了国家社科课题近代中国外债研究、浙江省社科重大课题《浙江通史》的研究和撰写任务。2007年，送走攻读博士学位的两名关门弟子，我对家人和朋友讲：年过七十五，读自己想读而未读之书，做自己想做而未做之事，调查与考察越国国都以及越国句践、范蠡的种种传说，就是自己想做而未做的一件事。故在近十年间在亲友陪同下，三叩句乘。

一叩句乘，叩探句乘的厚重历史和神秘传奇，一声惊叹！

2006年重阳前夕，我从杭州乘火车返乡，经过牌头安华，远眺句乘山的挺拔身姿，充盈霸气，巍然屹立在诸暨与义乌之间，成为诸暨南部高山、义乌北部的大山,心想过去对句乘山是远眺、仰视,这次返乡,我将踏上句践走过的路,爬上王坟冈,寻找越国之遗存。重阳日秋高气爽,约了几位朋友抵达岑下金村(现改叫红峰村)。岑下金村多数人家姓金,与我是宗亲,活金死刘,是汉光武帝刘秀的后代,岑下金的宗亲知道我要来,已至金氏宗祠等我。我们在祠堂里举行了座谈,我说:越国是建立在浙江大地的第一古代王朝,有记载,国都在句乘山,传说越国国都就在诸暨的坑西和义乌的岑下金一带。这次专程来踏勘越国遗存。宗亲们告知,这一带是诸暨与义乌交界处,对越国遗存未能有力保护,句乘亭消失无踪,王坟冈成一堆乱石,退马坡难以辨认,句乘寺剩下断墙残垣,句乘井尚在,还有一批千年古树……。与宗亲们一起步行到村口,我向西南仰视,高大的山脉连绵起伏,层层叠峰,山势险峻,王坟冈在云雾中若隐若现,凸显句乘山神秘莫测。

当我们驱车抵达句乘寺旧址前停下,映入眼帘的是一片古树名木,特别是句乘寺旧址前的罗汉松,树龄超千年,村民叫这棵树为"皇冠树"。这棵长在王者之山的千年罗汉松,其形像皇冠。我看了句乘寺和古井,从井边的山路可以登上王坟冈,我问从山上下来的人有多少路,看到了什么?回答是爬一两个小时到山顶,没有看到什么。听了他们的回话,我也放弃爬山踏勘的念头。

跨过句乘寺旧址前的小桥,到越都山庄用餐,大家边吃边聊。半天多的踏勘,闻多见少,听大家讲的多,实地看到的越国遗址甚少。越国和句践的传说,经过时光的淘洗,世代相传,当历史的真实见之于正史不多,传说变得更为神奇。

返回杭州,又读了一些越国、句践以及吴越文化研究的典籍和文章。梳理出了以下之管见:

一是越国是建立在浙江大地的第一个王朝,国都在句乘山,传说与典籍的记载是一致的。

二是越国国都不可能有什么历史遗存。於越族的社会生活十分原始,其特色是断发文身,裸体跣足,饭稻羹鱼,干栏式建筑和习水便舟。干栏式建筑是"依树积木,以居其山"。干栏式建筑,适宜于山地密林地区,因此,不可能有皇城等遗存埋于地下。

三是越王句践卧薪尝胆之地在句乘。句践即位,入吴为奴三年后回到越国,"苦身焦思,克己自贵",终日把一颗苦胆吊在屋中,坐卧、饮食、出入都要尝苦胆,经过十年生聚、十年教训,完成了振兴越国,报仇雪耻之大业。句践生活在句乘山麓的传说并非空穴来风。

四是王坟冈上句践父亲允常之墓的传说。王坟冈肯定是葬越王之山冈,於越族有墓建于高冈的习俗。王坟冈是句乘山的最高峰,把国王死后葬于句乘山顶,故有王坟冈之称谓是合乎推理的。王坟冈上葬的越国国王不是一位、两位,而是很多位。夏禹后代少称帝,封庶子无余于越。从无余传到允常,历时千余年,不知是多少代了,至于句践父亲允常是否葬在王坟冈,只是传说。前些年在绍兴印山发掘了越国王陵,是句践父亲允常之墓衣冠冢,我曾实地踏勘,王陵在山上规模很大,墓坑、墓道、墓室保存完好,还出土了龙首形玉钩。越王墓无疑,允常墓也只是一种猜想。

二叩句乘,叩拜越王句践、商圣范蠡、大夫文种,一声赞叹!

听说句乘寺重建了,越国国都正在开发。于是约了几位朋友二叩句乘。走出汽车,抬头望去,句乘禅寺大门映入眼帘,步台阶而上,大门上悬挂着出生在红峰村的著名书法家金鉴才写的"句乘禅寺"四个大字。走进古刹大门,就见句践塑像,塑像边有一副楹联,"十年生聚卧薪尝胆雪国耻;十年教训励精图治成霸业",概括了越王句践在句乘山留下的千古传奇。

一部越国兴亡史,离不开两位大臣,即范蠡和文种。没有他们的出谋献策,越国无法逆转残局,战胜吴国。句践困守句乘,文种献计贿赂吴大宰。句践接受文种的"卑辞厚礼"请和建议,入吴为质三年,越国由文种主国,而范蠡陪同入吴为奴,不离不弃,忘我护主。三年在吴,饱受屈辱。回到越国后,范蠡助句践刻苦图强,誓雪国耻。经过了一系列的政治改革,招贤纳士,奖励耕种和战略战术的巧妙运用,越国重振雄风,终于灭吴雪耻,成为霸主。句践听信谗言,赐剑命文种自杀,成为历史悲剧。而范蠡在灭吴后审时度势,到陶经商致富,"三致千金",成为闻名遐迩的大富豪,人称"陶朱公",其经商之道和"富好利其德"的高尚情怀为后人崇敬,被奉为中华商圣。

句乘禅寺准备重建三圣殿,供奉句践、范蠡和文种,深受百姓的赞赏。在与句乘禅寺住持交谈中,得知他向社会募捐百万余元,重建句乘寺,还要继续募捐筹款,把句乘禅寺建设成学习句践创业精神、范蠡经商理念、传承古越文化的场所。住持搬出桌椅和文房四宝,邀我为寺庙题写一个"禅"字。草草挥毫未留印章,回杭州后,我又写了几幅,选其中一幅,盖上印章,寄给住持。

走出寺庙,到越都山庄用餐。山庄规模大了,设备齐了,品位高了。可贵的是山庄主楼旁的树林中竖起了一排碑林,书写者全是我省著名书法家,内容是颂扬越国的人物和事功传承古越文化。把传说中的越国之都建成古越文化园,开发者有眼力,有文化!

三叩句乘,叩问和尚你到哪里去了?一声悲叹!

丁酉清明,兄弟俩与家人返乡祭祖。我弟弟是越善小学毕业,就读暨阳中学。我夫人出生在牌头楼瑶驾。从小知道越山、越山寺,却从未登山进寺,4月12日,一行10人,约定先登越山,再叩句乘之旅。

从句乘山南出发,经东转到句乘山北。在云居禅寺的牌楼前停下,看了云居禅寺的介绍,才知越山寺的原名是云居寺。我们站在越山山脚,仰望树林中的岩石上的"佛"字,还有一尊露天观音菩萨塑像,在万物葱茏中隐约可见。山虽不高,要登160多米的台阶,望尘莫及。

我与老伴登不了山,同行者也不上山了。在路边俯视田野,仰望高山。在坑西至红峰一段公路上,远望句乘山分外清楚,山脉连绵起伏,如一道道屏障环护这一方水土。山连山层层相叠,难怪老百姓世代称句乘山为九层山。

车在句乘禅寺前停下,路边的古树郁郁葱葱,充满生机,竹林中长满了参差不一的竹笋。拾级而上,跨入原有句乘禅寺的庙门,看到的是拆除的寺庙庙基边长着野花和杂草。庙宇已拆光,和尚的办公室和居住的几间平房还在,中间的一间墙上用黄泥浆写着"和尚你到哪里去"七个大字。这七个字是拆庙时写下的?还是庙被拆后朝拜者写下的?就不得而知了,我不但问"和尚你到哪里去",还要问我书写的"禅"字你带走了吗?用推土机推倒你募资一百多万建造的寺庙这一幕,你看到了吗?你可能就在现场,但无可奈何!心血成灰,将会是何等的痛彻心扉!

从寺的残墙断瓦间走下,看到古井依旧,不知是谁把书林中的半块字碑搬放在井边。穿过古树林,走向越都山庄。越都山庄的大部分建筑已被拆除,已改名为红峰农家乐。主楼旁的碑林被拆得七斜八歪,有的推倒在地,有的抛到路边,前二任浙江省书协主席郭仲选、朱关田书写的两块石碑,已搬到废墟上新搭起来的茅草屋前斜竖着,十年心血毁于一旦,从何再拾信心?见此情景,心想世事会如此残忍和不讲理,难道非得让人家绝地后生,重蹈句践"十年生聚、十年教训"呕心沥血的精神?

见此情景,浮想联翩! 当年为纪念胡则任永康知县期间为永康人民做了实事、好事,老百姓在永康方岩建庙塑像,胡则被尊胡公大帝,供人们祭祀,方岩也成今日的旅游景区。杭州吴山上建有城隍庙,城隍老爷就是明代永乐年间任杭州知府的周新。周新在任期间为杭州也做了很多好事,周新死后被尊为城隍菩萨,至今受百姓祭祀。改革开放后,东阳横店无中生有建造了众多殿堂、城郭、寺庙,作为影视拍摄基地,也成为当今热门的旅游景点之一。越国都城,句践卧薪尝胆、励精图治,范蠡为越国灭吴称霸立下赫赫战功,被尊为上将军,经商致富,被尊为中国商圣,文种足智多谋,是政治家、军事家,见之于典籍,流传于民间,还有王坟冈、退马坡等历史遗存,理应加以保护、开发和利用,弘扬越王句践生聚教训、卧薪尝胆、发愤图强和求真务实精神,鼓励人们不怕挫折,去开创更加美好的明天。浙江义乌是我国经济强市,义乌商人以敢为天下先、艰苦创业、致富有方闻名于天下,其经营理念实可追溯到越国范蠡的经商之道,钟灵毓秀的句乘山水和悠远文脉哺育出一代又一代的浙商、义商。在句乘重建句乘禅寺,供人们祭祀是顺理成章的事。对和尚募捐集资重建句乘山寺,不但不支持、扶植,而是推毁庙宇,令人费解,也令人辛酸。句乘可是义乌、诸暨两市也是浙江省独有的历史文化资源啊!

用餐时,服务员告知楼下有大陈镇的领导在用餐,有两桌。当吃完中饭下楼去拜访他们时,里面走出三五个人主动向我打招呼。他们认识我,而我则是似曾相识,叫不出姓名。在他们的自我介绍中知晓,一位是大陈镇副镇长,一位是最初动工开发句乘山的金国炉,实在是出人意料。在句乘相聚,我谈了三叩句乘之感受:惊叹、赞叹、悲叹……镇长说今天在此用餐的是金国炉邀请来的一些旅游规划专业人士,共商句乘山的挖掘和开发。金国炉拿出他正在编纂的《古越文化大雅》一书的样稿送给我。

与大陈镇及邀请来的专业人士相聚,实出意外,我请他们要好好发掘古越文化资源,重视古越文化研究,吸引各方能人来共同开发句乘,早日建成古越文化园。

开发句乘山,"看似寻常最奇崛,成如容易却艰辛"!

2017 年 5 月于义北

义北的大山

我出生在义乌北部与诸暨交界的山区,讲话带诸暨口音,在义乌中学读书期间,同学们叫我"小诸暨""小山里佬"。我虽心有不悦,但他们叫,我还是应。

义乌北部大山环抱。大山属会稽山脉,最高峰是诸暨与东阳分界的东白山,海拔是1194米。东白山向西南走势,就是义北的龙祈山、鹅峰山、道人山、龙门山、句乘山,海拔500米左右,是义乌与东阳、诸暨的分界线。各座大山向南、向西延伸,形成一座座小山,大山之间形成峡谷,小山之间形成山坞。先人们就在峡谷两边和山坞里,筑屋安身,垦山地种植。几千年来,义北的大山中逐渐出现大大小小的山村。我就出生在句乘山脉的金麟山坞旁的西坞村。据《崇儒金氏宗谱》载,400年前,明代三清官之首、工部尚书金世俊的父亲金文亮葬于金麟山坞前的海螺山上,即金天官墓。祖上从北门凌塘迁到句乘山脚的山坞中定居。近400年的繁衍,如今西坞村金氏70余户,近200人。

义北大山是名山。相传春秋越王句践曾居句乘山避险,是2500年前句践十年生聚、十年教训、卧薪尝胆之处,遂封此带山脉为越山,其主峰为句乘山。山上有退马坡,王坟岗上有越王墓,山谷中有句乘亭、句乘寺。句乘山南的金麟山坞中,唐大顺二年(891)僧师哲建报恩院,相传朱元璋曾落难于此。朱元璋建明朝,钦赐"敕封普济禅寺"匾。鹅峰山顶的瑞丰寺,始建于唐广明二年(801),至今已有1200多年历史。此外还有龙祈山上有明代三清宫之首、尚书金世俊墓,龙祈山东南的山坞中建有安福寺。

义北大山植被垂直分布明显,顶部为草地,以下多为松、杉、柏、竹等林木。义乌千年左右的古村,大部分在义北大山中,如千年古柏、古樟,800多年的罗汉松与红豆杉等。大山上盛产板栗、柿子、藤梨(即野山猕猴桃)、竹笋等。山坡上成片的茶园,野果、野菜遍布群山。山里人即便遇上天灾人祸凭双手劳动也是饿不死的。大山形成的峡谷,如今都建有水库,如七都坑的巧溪水库、八都坑的八都水库、乌珠龙水库、九都坑的东塘水库、龙门水库。水库的水除灌溉外,成为义乌人饮用的主要水源。

义北大山是近代中国革命活动的据点之一。抗日战争时期是浙东抗日根据地的组成部分。中共浙东区党委在1943年12月,将金萧工委与会稽地委合并组成中共金萧地委,并将义北山区的坚勇大队等武装统一编成新四军浙东游击纵队金萧支队,下设第一大队、第二大队。金萧地委、金萧支队就是在义北大山中的大畈村成立和组建的。他们以义北大山的信托,领导金萧地区的抗日斗争。金萧地委成立后,又把义乌县抗日独立自卫大队从国民党那里拉了出来,于1944年3月在大畈改编为金萧支队独立大队。

金萧支队以义北大山为根据地,谱写了英勇杀敌的悲壮史诗,记录了坚持敌后抗战的胜利凯歌。抗日战争胜利后,遵照中共中央部署,金萧支队指战员与抗日根据地的党政人员在大畈集中,除留下少数精干武装秘密坚持斗争外全部北撤。国内战争全面爆发后,义北大山又成为浙东游击队的根据地。大山里的人刚正勇敢,一大批人直接参加游击队,群众支援游击队,抗击国民党的反动统治,为解放战争的胜利作出了贡献。

一方水土育一方人,义北大山养育了一批文臣武将,商贾巧匠。古代的傅藻历任翰林编修、监察御史、武昌知府等职,告老还乡后,在鹅峰山脚建了杜门书院,并亲自向学生传道、授业。傅藻死后与妻吴氏合葬于杜门的台门山。近代参加黄埔军校而成国民革命的指战员,参加金萧支队,浙东游击队的山里人,不计其数,有的为国捐躯,有的成为新中国党政军的各级领导人。现代从大山里走出来的有将军、厅局级领导干部、在国内外颇具影响的著名学者、艺术家,还有众多的学士、硕士、博士遍布海内外。改革开放后,山里人走出大山,经商致富,有的成为颇具实力的企业家。

我年轻时从义北大山下走出来,此后一直生活在大城市里。直到21世纪初才有机会亲历义北大山的秀美、奇特和险峻。我曾在亲友陪同下驱车至鹅峰山上,下车后步行数万台阶,就到了瑞丰寺,千年古刹已修缮一新。庙宇建筑与所有古刹大同小异。使我惊奇的是大山上还有这么大的一块平地,除庙寺建筑外,还有广场、放生池、花园等。站在佛门前,田园美景尽收眼底。从鹅峰山下来,驱车往九都坑向北行驶,10分钟的车程就到东塘水库,登上水库大坝,眼见清水涟漪,翠竹黄花,感到清风阵阵,水汽清凉、闻到山花的清香。走下大坝,继续沿水库边的盘山公路而行。大树、竹林在窗外掠过。不久抵达水库尽头的山府村。府作为地域名,等级在县和省级之间,深山里有府,可见大山之高峻,村庄之地位。山府村的东南边是层层梯田,种植玉米、地瓜和水稻。村民的主食基本上可以自给自足,车子经山府盘山而上耳朵似坐飞机上高空有些失聪。车子不知转了多少弯道,抵达大坪顶。我们登上与诸暨交界的最高点,向东望是海拔1000余米的东白山,向西望是海拔800余米的道人山,向北望去属于诸暨境内,群山连绵,云雾苍茫。云海里露出一个个山头,疑似千岛湖景色的再现。向南望去是一幢幢新房林立的大畈村。大畈村居住着近300农户,800余人口,农田和山地里种植水稻和蔬菜。海拔500米高山上出现这样大的平地和景色,是上天的造化。从大畈返回又转入一条盘山公路抵达北山村。北山村是道人山的半山腰里劈山而成的一条长达千余米的长廊,东西走向,沿长廊依山建屋,屋前是一条长街。北山没有耕地,山民全靠竹林维持生计。一年四季的春笋、鞭笋、冬笋、毛竹以及竹制品的出售换回生活的必需品。改革开放前的大山村民靠手提、肩背毛竹和山货步行几十里去出售,如今公路修到村里,一卡车就是几吨往外运。山民富裕了,造起一幢幢的新房。我站在北山凌芝山庄的四楼,举目四望,全是高山。大自然的底色是青和绿。在青和绿的世界里,色彩斑斓,五彩缤纷。山府、北山、大畈拥有极其丰富的山林资源。风和日丽晴方好,层林尽染鸟飞绝。空气清新、气温舒适,是难得的避暑、疗养、休闲、度假胜地。

义北人以大山雄姿为傲,以大山宁静为荣,爱大山的深邃,也爱大山的厚重。大山是义北人的象征。大山是神奇的化身,精神的殿堂。义北人具有大山样的脊梁,云海般的胸怀,因为大山让他们懂得什么是坚守的力量,什么是高尚的情操。

关于建造农村书院的请示报告

　　我出生在义乌市东塘乡（现属大陈镇）西坞村的一个农民家庭，童年、少年在农村生活，青年进城求学，而后一直生活、学习、工作在大中城市，但对农村、农业、农民仍有深切的情感，时刻关注着农村社会的改革和发展。近几个月，学习中共中央十七届三中全会精神和浙江省委《关于认真贯彻党的十七届三中全会精神加快推进农村改革发展的实施意见》，感受颇多。已越古稀之年老人，时刻思考能为农村改革发展做点什么。经与家人商议，在老家筹建一新书院，把家藏的万余册图书和数百幅书画送到书院，供农民阅读，在农村营造一个读书的氛围，也算是为文化惠民做件实事。

　　传统书院具有讲学、展示和藏书三大功能。新建的书院除上述功能外，还是阅览、绘画、练书法的场所。建立这样一所书院，有助于在农村营造读书的氛围、培养读书的兴趣。而氛围一旦形成，喜爱读书、坚持读书的人，自然就会一天一天多起来，更有助于提高农民文化素质。当前，全党上下正在开展深入学习实践科学发展观活动。科学发展观的核心是以人为本，我理解以人为本，既要关心人、爱护人，更要塑造人、培养人。鼓励农民多读书、读好书，多看报，关心国家大事，这就是一种潜移默化的、最为经济的塑造与培养。

　　读书活动的开展，也有助于改造农村陋习。

　　书院拟建在大陈镇灯塔村。灯塔村是山村，有一块馒头山，山头推平作为建造书院的地址，这样不占农田也不破坏山木。书院的产权为村所有,建造的经费由灯塔村出一部分,并请求浙江省有关部门、义乌市政府和大陈镇政府拨款扶持农村建设文化设施。

我们家庭向以"读书修身、教书育人"为家风,家有藏书万余册、字画数百幅,这些均可提供给书院。同时还可以购置一批像《"金阳光"新农村丛书》以及青少年读物、儿童书籍等。我指导的30多名硕士生和20多名博士生也愿捐赠他(她)们的著作及图书,以充实书院藏书的品类和数量。

义乌市有关部门的领导和工作人员曾去灯塔灯实地查看,表示建造农家书院很有意义,但政府拨款,通过什么项目与渠道要商量。

向什么部门申请立项,如何立项?特向你们请教,并祈得到你的帮助,使书院早日建成。

浙江大学教授、博士生导师

金普森(签名)

2008 年 10 月 8 日

在重阳书院落成典礼上的讲话

岁岁重阳,今又重阳。我是 1932 年重阳日出生在灯塔村的外西坞。我 12 岁离家外出求学谋生,今年 82 岁,整整 70 年。在外的 70 年,求学、教书,从事学术研究,一辈子读书、教书、写书、写文章。走过了春和秋,经受了风和雨,现在在书院里设了一个金普森史料陈列室,也是给乡亲们一个交代,没有给乡亲们丢脸,还给乡亲们争得了荣誉。我老伴楼幼娣一辈子做中学老师,特别是在中学数学教学中作出了贡献。退休后 20 多年里学习书画艺术,被誉为"现代中国书画艺术家""十字绣达人"。她的书画艺术作品捐赠给重阳书院,选了一小部分在书院的"楼幼娣赠予重阳书院书画艺术作品选展"供大家欣赏,也请大家指正。

衣食足而知礼乐,治道行而敦教化,故我提议建设书院。我们夫妇把自己写的书,自己创作的书画艺术作品以及收藏的图书、字画捐赠给生我养我的故乡。

2008 年年底提出,2009 年九九奠基,2013 年重阳落成,历期五载,筑区 8000 平方米。

书院的宗旨:文化惠民,提高农民的文化素养,是农民的文化精神家园。

书院的性质:是灯塔村村建、村管、村所有和村民共享的文化产业。

书院的功能:古代书院有三大功能:藏书、讲学、展示。当代书院既有古代书院功能的继承,又要与时俱进,是非学历教育的学校,民间的图书馆和文化馆,各种学术活动的场所(学术研讨、文学创作、书画、摄影创作等),也是旅游的景点。因而书院建有大成堂、重阳斋、藏书阁、讲学楼、翰墨轩和行政楼六幢大楼。

古人说:"形而上者为道,形而下者为器。"器者道之形,道者器之灵。书院成器,文化立道。文化依书院而传承,书院赖文化而发展。

王安石曾说:"看似寻常最奇崛,成如容易却艰辛。"建设书院的五年历程,使我对这两句话有更深的体味。大家说书院建得有品味,有风格,很美丽,我说书院美轮美奂,全仗众志成城。书院的落成,全靠灯塔村两委会及灯塔村村民的关心、支持、不懈努力的结果。靠上级领导的关心支持。特别感谢时任省委宣传部部长的黄坤明同志,省委宣传部常务副部长童芍素同志的支持。是他们肯定书院的创建工程。在此还要感谢陈荣高同志、黄志平同志、王奎明同志和黄莉青同志他们莅临现场建设,帮助解决建设中的困难。在此要特别感谢的是灯塔村村委主任楼初八同志。五年来他把他的企业交给儿媳,自己以建设书院为主业,以书院建设工地为家。书院设计费需35万元,他带领村两委会参观了古代与现代的一些书院,自己设计,自己组织施工,边施工,边修改,边修改,边施工。我说他是总设计师,施工总指挥。我也要感谢我的亲人、朋友和我的弟子,他们不仅出力还捐资。

余之倡建现已实现,随即至善是盼。只要我活着,我会继续关注家乡的文化建设,也希望与会者继续关心、支持重阳书院建设。

谢谢大家!

2013 年 10 月 13 日

《重阳之光》卷首语

　　癸巳年九月初九，义乌市大陈镇重阳书院举行了落成典礼，把这一天发生在灯塔村的风光景物汇编成册，名为《重阳之光》。

　　九月初九是重阳节，重阳是书院名。了解倡建者的名、字、号的人说，重阳是倡建者之号，故称所建书院为重阳书院。其实不仅于此，寓意更为深刻。《说文》称人在土上为重，《易传》云老阳之数为九，重九即重阳。文化教育是天长地久之事业，九九即久久。时与事合，名与实符。之光即指九月初九这一天的风光景物。

　　光临书院落成典礼的有义乌市、大陈镇的各级领导和各部门的负责人；出席第四届民国浙江史学术研讨会的来自北京、上海、吉林、山东、浙江、福建、湖南、湖北和浙江等地的 40 余位专家学者；义乌市、诸暨市文化界教育界的知名人士；浙江省金氏宗亲联谊会的领导。

　　光顾书院落成典礼的有灯塔村的村民；大陈镇各村的慕名而来的村委和村民；倡建者的部分学生、亲友。邻近几个村的军管乐队、腰鼓队也赶来助兴。

　　书院落成典礼，光辉灿烂，在古越之地折射出强烈的光芒，光泽四面八方。书院筹建委员会成员以及光临、光顾者，光风霁月，风光无限。

　　书院的建成，用当前时髦语言讲，光驱、光标、光盘驱动器，光盘匀速转动，显示屏上标明出的一种符号，以便读出院里存储的信息。古语则云：形而上者谓之道，形而下者谓之器。文化立道，书院成器。

文化依书院而传承，书院赖文化而发展。

九月初九一天光阴，是历史的一瞬间，历史是由无数的瞬间构成的。《重阳之光》所录的图片、文字，就是这一瞬间的踪迹。它留下步履中的印记，重现曾经的光彩，刻着岁月的标志。今天汇编成册，是为了更好地保存，更好地辨认、传承，让后来者重温、品味。

《怡然》序

在今年国庆节前夕,孩提时代的伙伴叶义栋兄长来电,告知在经义乌市民政局批准后,故乡成立了义乌市大陈镇书画联合会。从此全镇书法、绘画爱好者有了一个开展学习、创作和交流书画技艺的平台。两年来,在大陈镇领导的指导扶持下,书画联合会活动频繁,会员创作了一大批书法、绘画作品,并准备出一本书画作品选集,约我为选集命名并作序。家乡的事,做与不做是个乡情问题,至于做得好做得不好,则是能力与水平问题,因而贸然应允。

半年前,我第一次踏进大陈镇政府办公大楼时,在镇长陪同下参观过书画联合会的活动中心并观赏了他们的笔墨耕耘成果。近日,应绍兴虞舜文化研究会的邀请,出席绍兴县 2011 年祭舜大典,出席第二次全国虞舜文化研讨会后,返回故乡,在东塘龙门书院与联合会顾问、正副会长、秘书长等会晤,并看了他们准备入选出版的书画作品,使我再次感染了会员们丰富的精神生活和高雅情趣。

大陈镇书画联合会将书画作品选集定名为《怡然》。此语源自陶潜《桃花源记》:"黄发垂髫,并怡然自乐。"其实对怡然两字,古人记载很多。孔子《论语·子路》:"朋友切切偲偲,兄弟怡怡。"杜甫《赠卫八处》诗:"怡然敬父执,问我来何方。"《红楼梦》里也多次出现。此后,怡然皆指怡情悦性,安适和谐,朋友兄弟间的友爱情谊,相互切磋,相互提携。大陈镇书画联合会的宗旨和活动,会员们的书画作品,无不体现上述之精神风貌。

改革开放 30 多年头,我国国民经济持续增长,义乌市已建成为国际商贸城，闻名天下。人民群众在物质生活得到改善的同时，很自然会产生对文化艺术的需求，尤其青睐书画作品。在太平盛世的大环境里，书法、绘画在神州大地出现了前所未有的兴盛态势。大陈镇也不例外。大陈镇地处义乌市东北部，群山连绵，森林茂密，景色宜人，钟灵毓秀。古有明朝翰林傅藻所建的杜门书院，今有在建的灯塔村重阳书院。置身其间，可饱受传统文化的熏陶，也可共享现代文明的阳光。把书法绘画的爱好者组织起来，学习创作，相互交流，必将促进文化艺术水平的逐步提高，为社会主义精神文明建设增辉添色。

诚然，联谊会的绝大多数成员，从未接受过正规的书法、绘画专业训练，《怡然》收辑的作品，大多是初次创作，首登大雅之堂，在笔墨技法上尚显稚嫩，章法布置有待改进。但是，每个人都有不同的人生经历，都有着丰富的生活体验和各种文化素养的积淀。如今拿起笔墨和油彩进行创作，不为技法所囿，不少作品别有粗放率真的品味，充满着浓厚朴实的生活气息。已有的成绩说明，只要会员们持之以恒，努力探索，必然是春华秋实，会有更大的收获。是为序。

2011 年 10 月 25 日于杭州

感悟与随笔

责　任

人来到世界，不是来享福与索取的，而是受苦与奉献的。83个年头过来，体味甚深。人活一辈子，责任在肩。特别是男人，责任更重更大。今天金、王、张三家在西溪 598 宾馆吃年夜饭，金鸣一家不能来，他们昨天到我家看望。今天的不能来，昨天的来看望都是出于责任。金鸣的妻子是独生女，金鸣的女儿是外婆带大的。在中国最重要的团聚时刻，陪岳父母一起，这是责任。王钟的阿公在上海，为了事业，割舍与家人团聚，也是一种责任。

我理解的责任是俯仰无愧，无愧于天、地、家庭、事业。

作为一个男人，要干一份事业，为社会作一份贡献。我的事业是教书育人。

从事高等教育作出了特殊贡献，在史学研究领域闯出了新天地。金家的男人，王家的渊明，张家的克兵，都称得上事业有成。张琦年纪尚轻，任重道远，记住翁同龢的两句话：天下第一要事是读书，世间头等好事是积德。还要记住王安石的两句话：看似寻常最奇崛，成如容易却艰辛。在事业上顺时不大意，逆时不息气。

对父母的责任：父母养育了我，要尽孝，让父母为有我这个儿子感到欣慰与骄傲。

对家庭的责任：尽力维护家庭团结和睦，创造家庭的利益。

对子女的责任：任重道远，操劳一生。我对剑芳、革非很严很凶，训斥甚多，动武不少。内心爱他们，使他们能立足社会，一辈子平安顺利是我的责任。对王钟宠爱有加。蕙兰最听话，不但未加训斥也从未打过她。我们培育的子女,有事业心、孝心,为人正直,待人真诚,使我快乐与幸福。

对朋友、学生的责任:让他们感到有我这个朋友、老师而快乐、受益。对朋友要受恩不忘,惠人不计。

在高处立,着平处坐,存上等心,享下等福。惟此,才能尽责任。

金普森

2014 年除夕夜

读书修身春常在，教书育人无暮年

——就聘杭州师大特聘教授有感

7月13日，杭州师范大学校长叶高翔聘我为他们学校的特聘教授。年逾古稀，受此抬举，感慨万分。我也知道，聘任单位希望我在学科建设和科学研究上，能出谋献策，尽微薄之力。其实，退休后，我已将注意力放在杭师大。浙大人文学科衰落，寄希望于杭师大人文学科的发展与繁荣。

杭州师范学院改名为杭州师范大学，不仅仅是称号上的改变，而是近30年来教职员工在教育、科研上取得成果的体现。学科建设是大学的根本，也是一个大学的身份证明。一座名校，终有几个学科处在省内、国内甚至世界前沿。杭师大某些学科已形成自己的特色，成为学校的名片。杭州大学在四校合并前，像心理学科、近代教育史专业均处国内前沿。中国语言文学专业排名在国内居前10位，历史学专业在国内也处前10位左右。四校合并后，人文学科萎缩了，国内排名跌出前10位。所幸杭州师大发展了，前进了，有几个学科成为省的重点学科。人文要成为国内乃至世界的名片，仍须继续努力。

科学研究的位置是大学与学院的区别之一，学院主要是教学，大学不仅仅是教学，科学研究的要求更高些。民国浙江史研究中心成为省的研究基地。民国浙江史研究中心成立三年来，多次召开了全国的民国史研究学术研讨会，出版了民国浙江史资料和民国浙江史研究的专著，成为全省民国史研究的资料中心、研究民国史和培养民国史研究人才的基地。在杭州市召开的民国杭州研究的座谈会上，我对民国杭州研究从何着手提出了四点建议，其中特别提到杭州市对杭师大民国浙江研究中心应列专职编制，在经费上加大投入力度。杭师大应建立中国民国史研究中心，力争成为全国的社科研究基地。我相信有领导的重视和支持，经若干年的努力，是可以实现的。

杭师大聘任我，让年逾古稀的人，与杭师大一批年轻力壮的学者，把杭师大的学科建设、科学研究推向前进。特写下七律一首，与同仁共勉：

> 人生七十古稀年，坐看风云只等闲。
> 身许教育志报国，求索研究向文明。
> 读书修身春常在，教书育人无暮年。
> 俯首干事做学问，仰望后辈超先贤。

2007 年 9 月 13 日

不知一国之史则不配做一国之国民

　　还在 20 年前,我乘火车赴天津,参加南开大学历史学系魏宏运教授的博士研究生论文答辩。那时,杭州坐火车抵天津,路上要花费 23 个小时,坐的是硬卧,同车厢的旅客来自各行各业。当他们知道我是历史学教授,问我学历史有什么用? 我用著名史学家、国学家钱穆的"不知一国之史则不配做一国之国民"这句名言作答。但他们并不理解和信服。当时,中央人民广播电台正好在播放中日围棋擂台赛。我说中日两国围棋擂台赛打得很火,媒体炒得很热,引起国人关注。要说用处。我问你们下围棋有什么用?黑白两子,在纵横各 19 道,361 个交叉点轮流下子,抢占空位,包围、反包围。通俗一点讲,学历史与下围棋是同一个道理,它可以开发人的智慧,使人聪明起来,增强民族的自信心,提高国民的素质。

　　历史是一种有用的经验和智慧。读史除作为一门学问,一种知识之外,对执政者来说,有助于分析形势,在制定政策和策略时,提供参照和借鉴。北宋司马光撰编年体通史,294 卷,历时 19 年。宋神宗以其"鉴于往事,有志于治道",命名为《资治通鉴》。对于一个国家一个民族来说,传承自己的精神命脉,是提升国民文化素质、爱国情操的精神食粮。

　　在座各位中,有些是毕业于杭州大学历史学系的,会长吴高洋就是杭州大学 1977 年级的。杭州大学历史学系 1977 届毕业生中,一批人从事文化教育事业,成为历史学家、作家,有一位还获得茅盾文学奖。一些人从政，成为各级行政部门的领导人。但是在社会上影响很大很广的是一批企业家，特别是在房地产业中，如宋卫平、周庆治、寿柏年、许广跃、路虹、张克夫等，撑起了浙江房地产业的半壁江山。一批历史学专业毕业的学生，能有如此作为，这背后有着怎样的商业逻辑？宋卫平认为，学习历史有一个好处，那就是比较通透，很多东西都能从历史的角度来看待。学习历史的人，可以通过对历史的研读练就一种纵深感极强的思维方式。朱立东认为，相对于理工科等其他专业，历史学是以大尺度时间为单位来思考和研究的一门学问，动辄就是百年。因为历史是一脉相承的，只有了解历史，才能更好地认识今天和把握未来。

在从事房地产业的过程中，历史让人们不再拘泥于短期利益，而是善于从长远的战略角度来做事情。他们明白做一件事情的真正意义所在。他们的历史人文气质，在其随后的地产商业经营中随处可见。周庆治推动浙江的排球运动，宋卫平关注与追逐中国足球事业，宋卫平、张克夫投入教育、文化、卫生事业以回报社会，反映了他们学习历史的人文气质。在毕业20周年的师生座谈会上，寿柏年说我们这一届同学中在各行各业各自的工作岗位上有所成就，得益于学历史，还说来生考上大学再选专业的话，我还是选择历史学专业。我想他们读懂了历史，读活了历史，比我这个一辈子从事历史教学与历史研究的老师，学得好，研究得透彻。我坚信，学习历史可以给你一个智慧的人生。

按我国目前的教育体制，传授历史知识主要是九年义务教育阶段，高中阶段为适应大学招生考试科目分为文理分科的文科班和大学的历史学专业。中学历史教育研究会的成员是九年义务教育中的初中与高中的历史教师和高等学校的部分历史教师。通过历史教学，传授历史知识，提升国民素质的任务主要是在九年义务教育阶段。因此,在座各位中学历史教学研究会的成员,你们肩上使命重大,即古语说的任重道远。浙江省中学历史教学研究会成立 25 年了,第一届理事会会长是焦建华(原浙江教育学院党委书记),我担任了二、三、四届理事会会长,第五届理事会会长是吴高泮(义乌中学副校长,特级教师),计翔翔(浙江大学人文学院历史学教授、博士生导师)将出任第六届理事会会长。我卸任会长后,还挂了个名誉会长。因此,对中学历史教学的改革和实施,时刻关注着,浙江省中学历史教学研究会为推进历史教学的改革和国民素质的提升做了大量的工作,作出了巨大贡献。对此,我对浙江从事历史教学的每位成员、历届理事会成员,特别是副会长兼秘书长的周百鸣同志,表示衷心的感谢。我年逾古稀,留给我从事史学教学与史学研究的时间不多了,中学历史教学的改革与提高,浙江省历史学的繁荣,寄希望于在座各位。不久前,杭州师范大学聘请我为特聘教授,我应聘了。其原因有二,一是浙江大学、杭州大学、浙江农业大学、浙江医科大学合并为浙江大学,其历史学科在全国排名比合并前的杭州大学时降了,而杭州师范大学的文科各专业在发展与提高,势头很好;二是读书修身伴终生,教书育人无暮年,能做的尽量去做,也不枉来人世间走一趟。

就讲这些。谢谢大家。

2009 年在浙江中学历史教学研究会上的讲话,于浙江金华

感悟《论语》

去年夏天,我与老伴赴衢州参观李丁富教授创办的"百姓书院",李教授与我相识多年,他退休后回到衢江区云溪老家建造了书院,做了件文化惠民的实事、好事。李教授亲自陪同参观,并在书院内设宴款待我们。

下午参观孔氏南宗家庙,门票是一只高 7cm、宽 5cm、厚 1cm 的塑料盒,盒内是一本高 6cm、宽 4cm、厚不到 1cm 的《论语》,塑料盒上印有金色的"孔氏南宗家庙"六个字。

我们感到十分新奇,打开小盒取出线装的袖珍本《论语》,我拿到的是《论语》(上),老伴拿到的是《论语》(下),打开书本,第一页正面印有唐吴道子画先圣遗像,背面是子贡手摹的孔子暨夫人亓官氏像。上册为《论语》的前 11 篇,下册为《论语》的后 9 篇。将 12700 字的《论语》装在两张参观者的门票内,可见孔氏南宗家庙管理者的独具匠心。

我幼年读私塾时,《论语》是启蒙教材之一。由先生断句,教我识字与背诵,但我不解其意,上大学期间,再读《论语》,才逐渐理解其意。一生对《论语》不知读过多少遍,但每次阅读都有不同的感悟与收获。

不同的时代,对《论语》自有不同的解读方式。古代的不说,近代就有康有为《论语》的政治解读,钱穆《论语新解》的史学探微。在当下国学热潮中,对《论语》的注释也颇热闹,前不久又有《论语详解》出版,研究孔子与《论语》的论著达 10000 多种。不同的解读都针对不同时代的问题，人们也会带着各样的疑惑到国学经典中寻求解答，不但中国人如此，外国人也同样如此。像在日本，《论语》就很火。一位日本人说："现在的日本处于迷茫期，太需要从《论语》中取经了！"去年，《论语》一书在日本一直颇为畅销，出版界还打出这样的宣传广告语："在混乱的时代，向《论语》学习做人之道。"

《论语》称得上是伟大的书，汇聚的不仅是孔子及其弟子的观念、经验与智慧，其实是人类最重要的观念、经验与智慧，其精神和思想是永恒的。一代又一代的人，均可从《论语》中接受教诲、汲取精神和思想的营养。《论语》的永恒价值是以德性培育人性。如孔子主张"仁"，孟子重视"义"，所以孔子的"杀身成仁"和孟子的"舍生取义"，对后世志士仁人的影响极为深远。

成人以后，经常读读《论语》，学习、感悟《论语》中那些古圣先贤们留给我们的人生哲理。从《论语》中学习如何做人、做事、做学问。摘录几句，与读者共勉：

> 子曰："克己复礼为仁。"
>
> 孔子说："克制自己，使自己的语言行动符合礼，这就是仁。"
>
> 子曰："内省不疚，夫何忧何惧？"
>
> 孔子说："自己问心无愧，我哪里还有什么可以忧虑和恐惧呢？"
>
> 子曰："刚、毅、木、讷近仁。"
>
> 孔子说："刚强、坚毅、质朴、语言谨慎，这些品德是接近仁的。"
>
> 子曰："人无远虑，必有近忧。"

　　孔子说："一个人没有长远的考虑，就一定会有眼前的忧虑。"

　　子曰："君子求诸己，小人求诸人。"

　　孔子说："君子事事严格要求自己，小人事事苛求别人。"

　　子曰："不义而富且贵，于我如浮云。"

　　孔子说："干不仁义而得到的财富与地位，对我来说，如同浮云一样。"

　　······

　　《论语》有 12700 字，在此摘录的近百个字中，可见内容之广泛，含义之深邃，也可见全书之一斑。对这近百个字，我的解读未必准确，感悟未必深沉，但我感到解读《论语》的意义正在于对德性的追求。

大度、欢颜

　　春节是弥勒菩萨的生日。弥勒菩萨欢天喜地的形象符合中国传统节日的气氛。弥勒菩萨是佛教中国化的典型象征。

　　我崇敬与喜欢弥勒菩萨。客厅里有一尊景德镇陶瓷艺术大师制作的弥勒菩萨像,是王钟花压岁钱 4000 元购得的送给我 60 岁的生日礼物,还有一尊是瓷器烧制的布袋和尚,满脸笑容,背挂布袋,反映他一钵千家饭,孤身万里行,在民间说法、化缘、行善、济世的生动场景,我十分敬仰与喜爱。苦闷、孤独、失落时,目视弥勒菩萨、布袋和尚这两尊佛像,顿觉清静怡然,安之若素。

　　我抄录了浙江三座名刹中弥勒菩萨佛龛门柱上的楹联。

　　浙江灵隐寺佛龛门柱楹联是:

　　说法现身容大度,救人出世尽欢颜。

　　浙江普陀山普济寺佛龛两旁对联是:

　　慈颜含笑笑天下可笑之人,大腹可容容世间难容之事。

　　浙江宁波天童寺佛龛门柱联是:

　　深具慈忍力大肚能容容天下难容之事,广结欢善缘满腮含笑笑世间可笑之人。

　　三副楹联的共同点是四个字:大度、欢颜。

　　当今世界,物欲横流,追名逐利,道德沦丧。在此情境下,要将安详平和的心态,从容地看天空云卷云舒,观大地花开花落,察世间人聚人散,品人生酸甜苦辣,静下心来,大度、欢颜度人生。

2014 年 1 月 27 日

话说"活着"

人来到人世间，直至去世，都叫"活着"。旧中国，人的平均寿命为 36 岁，而今达到 74 岁。在历史的长河里，36 岁、74 岁，都是弹指一挥间，很短暂，因而，人们常常感叹人生苦短。

人活着，各有各的活法。其实，人来到人世间，不是享乐与索取的，而是受苦与奉献的。

80 年来，我从懂事起就是读书。大学毕业后，从事高等教育与史学研究长达半个世纪。读书与史学研究，至今仍是我生活的主要内容。

在这 80 年中，我是为亲人活着，为弟子们活着，为我的事业活着，一句话为生存活着。赡养老人、养育新人，这是人来到世间的一种责任。2000 年我大病一场。当年作为亲人，上一辈谢世多年，下一辈已长大成人，有自食其力的本领。只是还有几位攻读博士学位的弟子，需要我指导他们完成学业。我承担的浙江省哲学社会科学重大课题——多卷本《浙江通史》尚未完成，承担的国家哲学社会科学课题——近代中国外债史研究，只完成了一半。为弟子与事业，我还需要活着。在现代医学科学技术与医生的诊治护理下，我活了下来。只是消瘦体弱，体力大不如前。

2001 年，我办理了退休手续，但还需要为我的弟子和事业活着。因为校方还在网上挂着我招收的博士研究生们的名字，2001年、2002 年、2003 年还连续招收了三届博士研究生。2003 年，我向校方提出不再招收新的博士研究生。

另外，我在 2006 年应邀担任浙江省重大历史题材美术创作工程的题材组负责人。2009 年被聘为杭州师范大学特聘教授，继续从事《浙江通史》《近代中国外债史》的研究与撰写。

2011 年，我已 80 高龄，除夕那天，我向亲人们说：从现在起我要为自己活着，做点自己喜欢做的事，完成一些未了的心愿。

作为一位文人学者，为自己活着，还是与书为伴，读书写作仍是生活的主题。但与在入职时相比，现在是没有压力的，自由的。

2009 年，我撰写了《近代中国内外债相互演变》一文。

2010 年，我花费一年时间专门研究恶债问题，写成了《近代中国外债中的恶债问题》一文，算是我国研究外债中恶债问题的第一篇学术论文。

此外也写点命题文章。如《中国杭州通鉴》，洋洋 300 余万字，2009、2010 年我审阅后写了一篇序文。老师《马达远文集》出版，师母说："校长《金海观文集》的序是你写的，马老师的文集也要请你写序。"师母的叮嘱是不能推辞的。

民国杭州史研究，杭州文史研究会先后举行了两次研讨会，都邀请我出席。于是先后写了两篇发言稿，一篇是《重视民国杭州史研究》，一篇是《收集整理民国杭州史料赘言》。弟子们正是出版成果之年，新年伊始，一位弟子送上他即将付梓的书稿，请我审阅并作序。这样的事还会有。空闲之时，写写随笔，有感而发。2009、2010 年，写下了几十篇随笔。2011 年写此文，也算随笔的一篇。

自己想做的事情，自己力所能及的事，就自己去做。什么时候撒手人寰，听天由命。人们常说不得好生，只求好死。死是对活着的结束，我想起农村春联中"五福临门"的祝福。此语出自《书经·洪范》，所载五福是"一曰寿、二曰富、三曰康宁、四曰修好德、五曰考终命"。第五福的"考终命"就是"好死"。人们不能预知自己的死期,但求生命临终时,心里没有牵挂和不安,没有浪费社会有限的医疗资源,没有给亲人、弟子太多的累赘,安详且自在地离开人间。有的人被病魔折磨得死去活来,痛苦不堪,拖上几个月甚至几年,对自己、对亲人、对社会都是一种苦难。采用安乐死,让其减少苦难,也是人道主义的体现。我是提倡安乐死的。

(原载《义乌商报》2011 年 7 月 24 日名家有约)

话说死亡

鲁迅在 1925 年写的《立论》一文，写了这样一件事，"一家人生了一个男孩，合家高兴透顶了。满月的时候，抱出来给客人看，大概是想得一点好兆头"。

"一个说：这孩子将来要发财的。他于是得到一番感谢。"

"一个说：这孩子将来要做官的。他于是收回几句恭维。"

"一个说，这孩子将来是要死的。他于是得到一顿大家合力的痛打。"

"说要死的必然，说富贵的许谎。但说谎的得好报，说必然的遭打。"

人们忌讳说死，但死是生的必然，生老病死，是人们不可抗拒的自然规律。

三年前，我写过《话说"活着"》一文（刊《义乌商报》2011 年 7 月 24 日），说的是人活着，各有各的活法。死也一样，各有各的死法。人和高等动物可因生理衰老而发生生理死亡，也称自然死亡。但也有因机械的、化学的或突发的其他因素导致的死亡。众所周知，历史上的泰坦尼克号沉轮，1949 年太平轮的悲剧，唐山大地震和汶川大地震，近月发生的马航 730 失联事件，杭锅岁月号沉轮事件中罹难的乘客，人们通称为意外死亡。意外死亡的悲剧，改变了多少家庭、多少人的命运。

在此只说说自然死亡，死亡死得其所，人在人世间，可分为不应死、可死和该死这三个时间段。

不应死是指人的社会责任和家庭责任未尽时不应死。就家庭责任来说，生养你的父母，你有尽孝、赡养和送终的义务，生育的儿女要养要救，使他们长大成人、成家立业，自立于社会。就社会来说，承担的责任各不相同，但在不同的岗位上要尽心尽责，完成自己应做的，努力为社会的物质文明、精神文明作出贡献。在这个时间段里时不应死的。死了，不但对社会未尽职，你应尽的家庭义务也抛给了社会。

当上一辈老人都送走了，子女也养育成人，当上了爷爷奶奶或外公外婆，家庭的义务已经尽到。自己也退休了，说明事业尽职，到了颐养天年之时的人生第二阶段。在这个时段里，可以死。可以死并不是该死。事业上自己在职时想做而未做的可以继续做，叫发挥余热。下一辈子孙的事，自己能帮的尽力分担一点，人们常说，家有一老如有一宝，这时段有多久，谁也无法预测。只要吃得下，睡得着，生活能自理，活多久算多久。有的活到 80 岁 90 岁，也有的超百岁。

当人活到完全失去生活自理能力，吃喝拉撒全靠别人护理之时，就到了该死的时段。特别身患不治之症，痛苦不堪。活着就是受折磨，亲人看了心痛难忍，照顾与护理等使亲人疲惫不堪。此时，人或者已经是社会与家人的累赘。无效的救治，只是拖延时日，浪费有限的社会资源，自己受苦，亲人受累，此时死去，对自己是解脱，对亲人是解放。安详而无牵挂地离开人间，这是期盼与祈求，是否能如愿，听天由命。

人不要忌讳谈死亡，更不要害怕死亡。法国著名作家雨果在巴尔扎克的葬礼上曾经说过："死亡是伟大的平等，也是伟大的自由，巴尔扎克的离去，不是黑暗而是光明，不是虚无而是永恒。"

2014 年 5 月
写于杭州颐景园

志学治史自述

岁月不居，时节如流，犬马之齿，年逾耄耋。1956 年考入浙江师范学院（后改为杭州大学）历史学专业读书，毕业后留校任教。志学治史，自觉瞬间，恰已六十余年。一生致力于高等教育，潜心于历史学的教学与研究。与书结伴，读书、教书、写书，也收藏图书。与史学结缘，20 世纪 80 年代，《教师报》记者来采访我，写了采访记，题目是《书写历史的人》。2006 年，《浙江日报》记者获知我主编的 12 卷本《浙江通史》出版，前来采访。《浙江通史》从着手编纂到出版问世，历时十年。记者写了采访记，题目是《十年"磨"一书》。2007 年，《义乌商报》记者采访我，也写了采访记，题目是《在历史长河里畅游》。

历史是画了句号的过去，史学是永无止境的远航。我的一生就在这永无止境的航船上畅游。

笨鸟先飞　天道酬勤

一辈子志学、治史，感触颇多，体会甚深。治史有所获，离不开天赋、勤奋、导师六个字。勤奋与否？全掌握在自己手里的。

1932 年的重阳节，我出生在义乌东北区的西坞村的农民家庭，名允通，字普森，号重阳。爷爷是位太学生，名尔泰，字君尧。父亲名祖枌，字才宝，读过几年蒙学，字认得不少，写得不错。当我该上学读书的时候,正是日寇侵华,肆虐乡里的年代。父亲联络同龄人的家长,聘请邻村的何永圣(字哲人)为老师,办了一所私塾,接受中国传统的启蒙教育。永圣先生教我读了《大学》《中庸》《论语》《孟子》。他的教学方法就是教我们读书与背书。每天写一张楷书,大字的行间写小字,这也是唯一的作业。老师的批阅是在字上画红圈,画上红圈的字表示写得好。每天下午,永圣先生给我们讲一回《水浒》,次日要由学生复述一遍。对讲得好与差以先生手掌声为评判标准,讲得好的,他拍手三次,次之二次,再次的一次。讲得不好的,不但没有掌声,还挨打手心。为了赢得先生的红圈和掌声,我写得认真,听得专注,经常得到老师的表扬和同学的称道。老师的表扬,前辈的赞许,家人的期望,不断鞭策我发奋读书。私塾的几年苦读,使我奠定了一定的汉语基础。而数学,自然是不学的。为了接受更全面的教育,12岁那年,父亲把我送到诸暨越善完小读书。毕业后考入义乌中学,而后又入湘湖师范及杭州大学读书。从小学到大学,成绩名列前茅。我觉得我的天资并不高,家境也清贫,全靠发奋苦读。笨鸟先飞,产生了学习上的自觉性。我曾经戏笑着告诉朋友与学生,"笨"字从"本",笨是我治学的本钱。

大学的四年,我学的是历史学专业。学好本专业的规定课程之外,每到寒暑假期向中国语言文学系的同学借教科书、讲义以及听课笔记,利用假期学二三门中文系的必修课程。大学四年学了历史学专业的课程,还学了中国语言文学系的主干课程。中国人民大学读书期间,专业知识和理论基础均有较好的积累和长足的进步。著名历史学家胡华、王琪指导我读书与治学。一年间熟读了一本讲义《中国革命史讲义》和一部书《毛泽东选集》四卷。王琪教授常到我寝室,不但谈治学之道,有时还挑选《选集》中的某篇文章,要我读给他听,他说从读中可以得知你对文章的理解。我是争分夺秒地读书。学校在周末会在操场里放露天电影，不去看，不是舍不得买电影票的 5 分钱，而是惜二个小时的光阴。星期天，吃了早点，背上书包，带上一只搪瓷杯和一只烧饼，到图书馆看书。中餐就是吃只烧饼，直到傍晚走出图书馆回宿舍。

《礼记·学记》中的"学然后知不足，教然后知困"这两句话，也鞭策我在工作后继续读书深造。学生生涯是短暂的，也是宝贵的。在高校执教的头几年，我学外语，读《古文观止》。四清运动在农村一年，"文革"十年近一半时间在农村劳动。有时间就读《资本论》《反杜林论》《家庭私有制和国家起源》《国家与革命》《毛泽东选集》等经典著作，学习马列主义和毛泽东思想。学贵自得，在非常的岁月里使自己的理论知识有了新的增长。

学贵用心。"文革"期间，开门办学，杭州大学在四明山区的梁弄开办了一个文史哲试点班，我在这班上任教并参加当地劳动。四明山是抗日战争时期全国十九个抗日根据地之一——浙东抗日根据地。在这一年中，除教学、劳动之外，我参观了浙东抗日根据地的遗址，采访了当地的老战士以及工作在宁波地区的中共浙东区党委与浙东游击纵队的领导，查阅了历史档案。当时除向群众进行革命传统教育外，我还开始整理浙东抗日根据地的历史。粉碎"四人帮"后，在杭州又访问了浙东游击纵队的司令员、政委等领导，进一步查阅了史料后，与人合著《浙东抗日根据地》一书，1980年由浙江人民出版社出版发行。这也是笨鸟先飞、天道酬勤之一例。

人来到人世间，父母给了生命并养育成长，养育之恩永不忘。成长，则是多种因素融合而成的。生存环境当然很重要。在治学的问题上，我多次同我的攻读硕士、博士学位的研究生讲"天赋、勤奋、导师"这六个字。到了攻读硕士、博士学位，天赋上肯定得了，关键是勤奋。导师很重要，名师出高徒。在指导你读书、研究的是导师，我称不上名师，但我会指导你在国内外寻找名师。当博士确定博士论文题目后，就介绍在这一课题上国内外有研究的名家。古代有程门立雪之典故，而今，博士生可以采取各种方式向名家讨教。一位治学者要有所成就，必须有一批学术界的朋友，交流信息，互相切磋，相互提携。我在治学过程中，有一批良师益友，使我受益匪浅。

由博而专，治学者必走之路

博而专，是治学者自身要求，也是治学者的必走之路。在不惑之年前，主要是读书，攫取广博的知识。历史学方面古今中外的史籍都读，此外，哲学、文学、经济学、政治学、社会学的书籍也看，写的文章很广、很杂。我戏言那时的我"在外行里面样样内行，而在内行里面样样外行"。不惑之年后，在买书、读书和研究方向定格在浙江地方史和近代中国经济史，这个范围还是很大，像经济史而言，有工业经济史、农业经济史、手工业经济史、商业史，有财政史、金融史、税务史等。人生苦短，一辈子能读几多书。人家称我为历史学家，其实对历史，不但对外国史知之甚少，更连对中国史也知之不多，我只对中国近代史有所了解。人们又称我为中国经济史专家，其实难副。粉碎"四人帮"后，我参加由中央财政部组织的中央革命根据地财政经济史课题的研究。花费了整整一年，在档案馆查阅档案史料，赴井冈山、赣南、闽西、湘赣和赣东北革命老根据地进行调查访问，收集资料。在赣南的瑞金就住了五个月。而后，又花费四年的时间进行史料整理与研究。由许毅主编，我任副主编兼总纂的《中央革命根据地财政经济史长编》上、下册，102万字，三易其稿，于1982年9月由人民出版社出版发行。这是我国第一部研究中国革命根据地财政经济史的著作，出版后反响强烈，并推动了学者对中国其他革命根据地财政经济史的研究。此成果获得全国财政理论一等奖。

我从1983年始集中时间与精力从事近代中国外债史资料的整理与研究。外债问题，历来是国际政治和经济生活中的重大问题，中国实行改革开放，举借外资是利用外资来建设中国特色社会主义的一种重要形式。要借新债，必须对近代中国举借的旧债进行清理。当时某些国家向我国政府索债的事件屡屡发生，客观上需要有人对近代中国外债进行系统的、完整的清理，此其一。学术界对近代中国外债史研究基础十分薄弱。自中华民国北京政府以来，历届政府虽对外债进行了清理，但每一次清理都不完善。新中国成立后，一部分学者对此作了艰苦的搜集与搜索工作，诸如徐义生的《中国近代外债史统计资料（1853—1927）》、刘秉麟的《近代中国外债史稿》、宓汝成的《中国近代铁路史资料（1863—1911）》（近代中国铁路大部分是靠举借外债筹集资金的）等。工作艰辛且有益，但都极不完整。财政部从20世纪50年代起即投入部分人力对旧中国的外债资料进行搜集与整理，因"文化大革命"而中断。因此，学术界应对重大课题从学术层面上进行研究，此其二。80年代初，财政部把近代中国外债史资料的整理与研究列为重要课题，研究经费有保证，请我参加该课题的研究，此其三。经过十余年的努力，涉猎了所有与外债及外商有关的档案材料，编辑了《清代外债史资料》（上、中、下）、《民国外债史资料》（第1—12卷）、《民国历届政府整理外债资料汇编》（第1—2卷）等，先后由中国金融出版社和档案出版社出版。

在做了上述整理工作后，我们对近代中国外债进行了系统的研究。

外债不仅仅是一种债权债务关系，不能仅仅就侵略与被侵略来评述近代中国外债的是非。外债涉及政治、军事、财政、贸易、金融等各个方面，并通过它们与生产力的发展、生产关系的演变、生产方式的变革、社会制度的更替发生着千丝万缕的联系，它的许多经验教训是值得借鉴的。正因为如此，实事求是地总结近代中国外债的经验教训，探索外债的规律性，解除迷惑，澄清事实，是史学工作者义不容辞的责任。1996 年 7 月由中国财政经济出版社出版了《清代外债史论》，而后出版了北京政府时期和南京国民政府时期外债的两本著作。2004 年又出版了《新中国外债史》。四本专著出齐后，又进行了系统的修订。2006 年中国财政经济史家许毅教授统一定名为《从百年屈辱到民族复兴》，四卷分别为：清代外债与洋务运动、北京政府外债与辛亥革命的成败、南京国民政府外债与官僚资本主义、新中国外债与中国特色社会主义。每卷的首篇都由我撰写，2006 年 5 月由经济科学出版社出版发行。

浙江地方历史的研究也取得了成就，不仅撰写了多篇学术论文，从 1996 年起，承担了浙江省哲学社会科学研究的重大课题——编纂多卷本《浙江通史》。我时任杭州大学人文学院院长、浙江历史学会会长。我们组织了省内外对浙江历史素有研究的 17 位历史学家，经过近 10 年的研究，12 卷本《浙江通史》于 2005 年 12 月由浙江人民出版社出版问世，填补了我省地域文化历史研究的空白，这一成果，已被列入"浙江文化研究工程成果文库"，荣获第一届中国出版政府奖、图书奖、浙江省人民政府社会科学特别奖。

博与专是矛盾的，也是统一的。博是专的基础，专则是博的升华。一位治学者只有知识积累到一定的程度时，才能考虑和确定专的方向，即治学的主攻方向。专的要求是在这一领域的基本理论要深厚，基本知识要扎实，对这一领域前人研究的状况要掌握，要学习与吸收前人的成果，要解决前人未能解决的问题，力争在这一领域究源发新，即新资料、新方法、新见解、出新成果，获得这一领域的国内外发言权。

究源发新，治史者的追求

对历史的不断究源是史学工作者的任务，不断地发新则是治史者的责任。历史研究需要一代又一代人为之付出艰辛的创造性劳动，才能究源发新，使我们的认识走近历史。

在对近代中国外债的研究中：

问题一是"富有四海"的清王朝为什么会走上举借外债甚至依赖外债以度日的根源是什么？从1661年到1796年是史称的"康乾盛世"，在这个时期，中国的经济水平是领先的。乾隆末年，中国经济总量居世界第一位，人口占世界三分之一，对外贸易长期出超。盛世以后，为什么清王朝在短短一百多年的时间里，就大大落后于西方国家，直至在西方的坚船利炮面前不堪一击呢？这种巨大的反差要求我们必须研究从"康乾盛世"到"嘉道中落"直至"宣统覆亡"的历史原因。

经过几年的努力，考察了盛世的起源与盛世气象，探究了盛世危机和衰落根源——奢侈和腐败，剖析了嘉道中落的催化剂——使中国元气大伤的鸦片贸易，阐述了走向衰落的直接原因是鸦片战争的致命打击。从而得出结论：鼎盛之际，统治阶级居功自傲，放弃了文治武功、励精图治的积极进取精神。乾隆羡慕江南湖光山色，六次南巡，沿途的接驾盛况，奢靡之极，上行下效，腐败之风刮得剽悍无敌，英勇善战的八旗子弟和绿营，变成战则必败、祸害百姓的罪魁；清正廉洁的满汉官员，变成官无不贪、吏无不恶的祸首，文治武功全废。在英国殖民主义者于1840年发动的鸦片战争中，虽然在汉人将领抗拒之下，取得了辉煌的胜利，焚毁了没收的鸦片，清政府却摘了林则徐的帅印，以致转胜为败，签订了丧权辱国的《南京条约》，为资本帝国主义列强瓜分中国开了先河。

通过"康乾盛世"的形成和清王朝由盛转衰的历史考察，使人们对"历史周期率"有了更深的了解和认识。这里，给我们说明了一个真理：经济的发展，文明的昌盛，如果是自发地发展而不觉，如果不为人民而图一时之享受，如果不提倡为公而只倡导为私，其能留给自己的只能是苦涩。人们在创造财富的同时，往往因无知、侥幸、自私而贻误大业，为自己留下的只是毁灭的祸根。为此，在我参与的由许毅教授主编的《从百年屈辱到民族复兴》丛书第一卷得出结论：清王朝由盛转衰的历史事实证明，腐败是万恶之源，清朝的衰败灭亡与腐败有关，外债也与腐败有关，腐败断送了清王朝，腐败使中国沦为半殖民地，陷入被瓜分的深渊。腐败关系到国家民族的兴衰存亡，一个国家，一个民族，如果在兴盛和富裕后不思进取，贪图享乐，骄奢懈怠，必然会腐败衰败，挨打受气，任人宰割，最后灭亡。盛而骄，骄而奢，奢而贪，贪而腐，腐而朽，朽而亡，这就是清王朝留给我们的历史教训，这个教训是值得认真吸取的。

问题之二是中国为什么选择社会主义道路？这是20世纪中国先进分子思考与求索的问题，也是《从百年屈辱到民族复兴》丛书论述的一个重大问题。在回答这个问题的时候，必须遵循马克思所说的"历史的运动创造了社会关系""社会关系和生产力密切相连,随着新生产力的获得,人们改变自己的生产方式,随着生产方式即保证自己生活的方式的改变人们也就会改变自己的一切社会关系"这一原理,认为社会主义生产方式的形成,是借助于洋务运动、北洋政府时期、国民政府时期建立的近代化大生产的生产力,从而提出了中国近代化大生产的生产力是怎样发展起来的问题。究源才能发新,才能深层次地回答中国为什么选择社会主义道路这个重大而根本的问题。

中国资本主义生产关系的创造过程,不是从自身的生产方式中一步一步游离出来的,而是在外国资本主义列强入侵之后,为了反压迫、反侵略、为了自强,不得不引进外国资金与技术,"师夷长技以制夷",用举借外债的特殊方式,发展近代工矿企业、铁路、邮电、航运、通讯等。正如马克思所指出的,"所有这些方式都利用国家权力,也就是利用集中地有组织的社会暴力,来大力促进从封建生产方式向资本主义生产方式的转变过程,缩短过渡时间"。凭借国家信用向外国举债,直接买进先进技术,发展生产力,这是中国资本原始积累的特殊形式。中国资本原始积累的另一种形式,是国家政权利用国家财政,直接动用国库或国家信用(包括内债),来创办工业。中国资本原始积累的第三种形式是大官僚(包括李鸿章、左宗棠、张之洞以及后来的宋子文、孔祥熙等)利用职务上的便利,挪用或侵占公款,创办近代工矿企业、金融事业。举借外债则是中国资本原始积累的重要方面。

我国之所以成为社会主义国家,是与鸦片战争的炮声、十月社会主义革命的炮声密切联系在一起的。以往的历史学界、经济学界对中国选择社会主义道路的研究中,多从十月革命的一声炮响对中国的影响来分析,忽视了对十月革命炮声之所以在中国产生影响的物质基础的考察。没有新的生产方式和新的阶级基础,中国不可能接受马克思列宁主义。要了解十月革命期间中国的物质基础，必须究源于鸦片战争的炮声给近代中国的影响。正是英国殖民主义者发动的侵略战争——鸦片战争一声炮响打开了清政府的国门，清政府为了抵御外国侵略，发展军用、民需工业、交通运输业、邮电事业，边举借外债，利用外资，引进技术，发展经济，从而产生了资本主义的生产方式，发展了社会化的生产力。

近20多年中，就外债在中国近代化中的作用进行了系统的研究与分析，粗略统计在新中国诞生前的96年（从1853年上海洋商举借款算起），举借外债共计900多项，目前查明的约有730多项。清政府时期举借155项外债，用于发展经济的占债款总额的25.84%；南京临时政府时期举借的387项外债，用于发展经济的占债款额的40%；护法军政府举借的57项外债，用于发展经济的占债款额的47.84%；南京国民政府时期临时举借的36项外债，用于发展经济的占债款额的31.11%。

从以上几个历史时期来看，中国近代外债是资本帝国主义侵略中国的产物，也是它们在华争夺政治、经济、权益的一种重要手段。但外债所产生的历史作用也是毋庸讳言的。外债为道德上的恶所形成，而"恶是历史发展的动力借以表现出来的形式"。中国近代化的生产力、中国资本主义生产关系的成长、资本主义生产方式的形成，可以说主要是依靠外债。

求真求是，治史者的责任

历史学是一门实证科学，切忌假话、大话和空话。"板凳要坐十年冷，文章不写半句空"是我治学的座右铭。

　　1977年高等学校恢复招生,急需编写一套高校教材,我校与西北大学、河南大学等10所高校合编中国古代史教材,我校还与南开大学、东北师大、首都师大、湖南师大合作编写中国现代史教材。中国现代史教材由南开大学著名历史学家魏宏运教授主编,我任副主编兼总纂。《中国现代史稿》上、下两册共71万言,由黑龙江人民出版社于1980年出版发行。该教材被教育部推荐为部荐教材,先后被全国100余所高校采用为历史学专业本科教材。这部教材所叙述的是中国人民在中国共产党领导下,在马克思列宁主义、毛泽东思想指导下,进行反对帝国主义、封建主义、官僚资本主义的革命斗争,力求反映这一历史时期的全国经济、政治、军事和文化思想的概貌。在写作中力求坚持辩证唯物主义和历史唯物主义的基本观点,坚持解放思想、实事求是的原则,取舍历史资料,阐述历史事件,评价历史人物,注意澄清在"左"倾思想指导下造成的混乱。在前言中我还特地写明:"由于受资料、时间和水平的限制,难免有取舍不当,事实错乱,以至立论与评述不妥之处。正本清源,还无法完全突破目前可能的范围。"

　　正本清源,秉笔直书是很不容易做到的,西汉史学家司马迁任太史令,因对李陵军败降匈奴事有所辩解,得罪下狱,受腐刑。出狱后任中书令,发愤继续完成所著史籍——《史记》,开创了纪传体史书的形式,是我国最早的通史。司马迁撰《史记》的大无畏精神为治史者树立了学习的榜样。在撰写《中国现代史稿》时,同仁们坚持贯彻中共中央十一届三中全会的精神,解放思想,实事求是,正本清源,秉笔直书。因而《史稿》中敢于肯定陈独秀在新文化运动和筹建中国共产党中的作用,也是新文化运动的主要发起人,他发起创立了上海共产主义小组,在中国共产党第一次全国代表大会选举中央机关,陈独秀被选为中央工作部的书记。在我国第一部公开出版的大学教材中,刊登了陈独秀的照片。

对南京国民政府的头十年(1927—1937)的改订新约运动,裁厘改税,法币政策等还是作了比较详尽的叙述,其结论是:"虽然由于帝国主义和封建主义的压迫和束缚,但是,中国资本主义还在缓慢地发展着。到1936年中国资本主义的发展水平在工业领域方面,资本主义经济已经超过了非资本主义经济。"抗日战争时期,力求反映中国全民的抗战,不仅写敌后战场,对抗战初期的国民党战场也作专节撰写。

《史稿》在表述上力求准确与科学。如遵义会议的叙述有别于"文革"中的写法。写组织上改组问题时,写道:"会议改组了中共中央书记处。张闻天、毛泽东、周恩来、王稼祥、秦邦宪为书记处书记,张闻天为中共中央总书记。会议选举毛泽东、周恩来、王稼祥组成中共中央军事领导小组。遵义会议是中国共产党历史上伟大的转折点,这次会议开始了以毛泽东为首的党中央的新的领导。"更接近历史。

《史稿》对不能不写的内容,一是如实叙述历史事实,二是在提法上力求科学些。有的历史内容,真实的不能写,而假的不愿写,则只能不说不写。因为正本清源,还无法突破当时可能的范围。《中国现代史稿》被全国多所高校采用为教材三年后,对《史稿》进行修正,并于1986年出了第二版。修订本满足了高校教学的需要。而后出版社还要重印,我没有同意。《史稿》这部书在20世纪80年代是先进的,但随着国家档案的开放和学术研究的进展,《史稿》在体系、材料和评述上则显得落伍了。《史稿》这部教材在80年代起了较大影响和较好的作用,起了历史作用。现在回过头来,重读《史稿》,基本上还是革命史、政治史的框架,距通史的要求距离甚远,修修补补无济于事,必须重写一部新的《中国现代史稿》。

作者没有时间与精力来重写,出版社理解作者的责任和良知。

服务现实,学术研究的宗旨

服务现实,是学术研究的宗旨。意大利历史学家克罗齐说:"一切历史都是当代史。"出于时代的需要,人们总会不断地从历史中寻求启示,并以新视角重新审视历史。然而,历史不应是任人摆弄的玩偶和映射的工具,它应有助于促进社会的进步和文明的发展。而要做到这一点,就要求治史者立足现实,站在时代的最前沿,把促进社会发展和建设中国特色社会主义作为自己追求的目标。

研究近代中国外债,就是以外债为切入点,通过晚清时期、北洋政府时期、南京国民政府时期和新中国时期举借外债、利用外资情况的考察,来剖析社会经济、政治、军事等方方面面,达到寻求规律、总结经验、吸取教训,从而为我国当前乃至今后的各项建设工作提供借鉴的目的。

浙江史的研究和《浙江通史》的编纂具有独特的学术价值和重大的现实意义。浙江是中国历史上经济、文化最发达的地区之一,姑且不论新石器时代河姆渡文化和良渚文化的辉煌,即以历史时期而言,浙江是南宋王朝的建都之地,从南宋到民国,浙江的文明尤其是经济和文化的发展水平长期居于全国领先地位。因此,从区域史的维度研究浙江,分析和探讨浙江历史和区域文明发展演进的特点及其规律,揭示浙江、江南和全国,以及浙江、江南与周边区域之间的互动史,无疑是中华文明和中国史研究的题中之义,同时也是编纂一部有深度、高品位的《中国通史》或者《中国文明史》

的必要前提。《浙江通史》是一部浙江人的历史,是一部浙江人与自然环境互动史,以及对自然资源的开发史,是一部浙江文明和文化发展、演变的地域文明史。通过《浙江通史》,使浙江人加深对浙江这块土地上深厚的历史底蕴的认识,从而提升浙江人的民族自豪感和责任心,弘扬浙江精神,为浙江早日实现小康社会作出新的贡献。研究历史源于现实的困惑,从现实追溯历史,从历史回到现实,也是治史的必由之路。

志学治史　仍在路上

步入古稀之年的 2001 年,办理退休手续。退休的头七年,与退休前一样,攻读博士学位的研究生仍需指导。2002 年、2003 年还招收了两届博士研究生。承担的国家社会科学课题——近代中国外债史研究,浙江省社会科学重大课题——《浙江通史》的研究与撰写,都在进行中。社会兼职,浙江省历史学会会长、浙江省中学历史教学研究会会长、浙江省政协文史委员会特邀委员……仍扛在肩上。

2001—2007 年间,2003 年卸去浙江省历史学会会长与省政协文史委员会特邀委员等职。2005 年卸去浙江省中学历史教学研究会会长职务。承担的浙江省社科重大课题,主编的 12 卷本《浙江通史》于 2005 年 12 月由浙江人民出版社出版发行,标志课题研究的圆满完成。《浙江通史》出版后,荣获第一届中国出版政府奖、浙江省哲学社会科学优秀成果特别奖。参与的国家课题——近代中国外债研究,以外债为切入点,剖析中国近代化生产力、生产关系、生产方式的形成,花费了近 20 年的时间与精力,以《从百年屈辱到民族复兴》为书名,2006 年 5 月由经济科学出版社出版发行。所指导的攻读博士学位的研究生也于 2007 年前先后毕业并获博士学位。退休后的头七年较之退休前更忙,硬性的任务必须抓紧去做,全国性的学术活动必须参与。略叙三例,一是:编纂大型清史,虽没有时间与精力承担编写任务,但对修史的体例、体裁、方法等参与讨论,阐述己见是义不容辞的事。二是:吾师金海观全集的编纂、出版,阅读数百万字的文稿,并撰写万余字的序。三是:2005年启动的编纂《杭州通鉴》,我撰写了《编撰〈中国杭州通鉴〉的片断设想》而后对《通鉴》编纂大纲的时段划分、称谓适用、时间表述、数字用法及引文、注释方法等,一一提出建议。而后对《通鉴》一、二、三稿都认真拜读,最后还写了近万字的《杭州通鉴序》。这类事是史学工作者应尽之责,其中的辛勤和心血凝聚在字里行间。

2006 年,浙江省启动美术创作工程,确定以浙江七十年的发展历史为主线,以浙江近现代历史和现实生活为主要内容,通过创作 100 件左右的美术作品,艺术地再现浙江历史和著名人物、重大事件等。组委会聘请倪士毅教授与我负责遴选题材。在组委会第二次会议上,我提出了题材选取的四原则:一是浙江的历史、人物和重大事件的题材;二是在全国、全世界有影响的题材;三是能凸显浙江精神、提升传统、教育后人的题材;四是便于创作、能再现浙江历史、人物和重大事件。此后的三年,我们为美术创作选项近 139 件,提出列项名称、理由,开出创作者应读的史籍,并为创作者授课。当创作的画卷出来后,则参与审查画卷是否反映出立项的本意。如《心昭天日》画出岳飞抗金的场景,岳飞抗金不是浙江历史,而岳飞屈死杭州风波亭时呼喊心昭天日,画面要表现的是民族英雄的悲壮感。2009 年奋斗了近三年的美术创作 106 件成果在浙江美术馆揭幕。我写了一篇文章,题目是《艺术的历史与历史的艺术》。

退休后有几所大学聘请我担任客座教授,我一一婉谢了。我的精力要放在志学治史上。近代中国外债研究课题已结,但对近代中国外债的许多重大问题尚待深入研究。例如近代中国外债中的恶债问题,学术界没有专门的学术论著问世。我对恶债的形成进行考证,恶债之数进行统计,剖析了恶债之恶,分析了恶债的两重性。恶债是近代中国巨大灾难的反映,但是"没有哪一次巨大的灾难不是以历史的进步来补偿的"。近代中国外债中还有一个奇特的现象就是内外债的相互演变,外债难求,罗掘内债,内债演变为外债,又以外债为担保发行内债。在退休的日子里,就这一问题作比较系统的考察与分析,近代中国内外债的相互演变,有其深刻的政治原因,折射出近代中国的国弱民穷,有其严重的危害性。经过多年的求索,撰写了论文,在国内学术刊物上发表,有的被《新华文摘》全文刊载。2011 年在我 80 岁时汇集了 25 万字的《近代中国外债研究的几个问题》,由浙江大学出版社出版发行。此书也是我志学治史的传世之作。

近十年内,长篇的学术论文偶尔还写点,较多的是同学、朋友、弟子有新著写成,送我审读并问序与我。还有就是出席某些学术研讨会,有的提供了论文,也有的在会上讲点学术感言。读书看报,有体味,有感受,于是写点读书偶得,看报有感之类的随笔或小品。人老了,总喜欢回顾,因而写了梦回家园等忆旧文章。隐居故里,写了《三叩句乘》《义北的大山》《故里六记》等故里的历史,在《义乌商报》上陆续刊出。退休后,撰写除去学术论文外的随笔、杂文、小品之类的文字近 50 万言。

我常自省,莫将缺憾留后人,但做不到。撰写的著作、论文中有疏漏、差错之处留给了后人。自己定下的研究课题已经没有时间与精力去做了。如国内公债资料的整理与研究,1995 年与台湾学者商定整理台湾档案管理部门的外债档案史料,出版《民国外债史资料》补编。又如近代中国内债史资料的整理与研究,时至今日也未做成。又如对浙江乡村集市贸易的研究是我在 20 世纪 70 年代读毛泽东《寻乌调查》时定下的课题,也没时间去做,成终身憾事。写出心中的缺憾,希望后辈去写成。

　　读书、作文是文人的一种生活,也是一种责任。读书、作文是脑力劳动,劳动是辛苦的,也是快乐的。人在世上走,总是有苦有乐,乐伴苦而生,苦随乐而逝。志学治史,伴我一生。